LES CONTEURS

OUVRIERS.

Meaux. — Impr. A. Carro.

LES
CONTEURS
OUVRIERS,

Dédiés aux

ENFANTS DES CLASSES LABORIEUSES,

Par GILLAND, ouvrier serrurier.

AVEC

UNE PRÉFACE PAR GEORGE SAND.

LA FILLE DU BRACONNIER.	LE PETIT GUILLAUME.
LA ROSE BLANCHE.	LE FERMIER ET LE CURÉ.
L'INCOMPRIS.	CHANSONS ET POÉSIES.

PARIS,

En vente chez l'Auteur, rue du Faubourg-St-Antoine,
cour de la Bonne-Graine, n° 15.

1849.

AUX OUVRIERS.

Lorsque je vis Gilland pour la première fois, il me fut amicalement présenté par le poète Magu, comme son futur gendre. Il était à la veille de l'unir à sa fille Félicie, une délicate enfant de 16 ans, blonde, gaie, intelligente et sensible comme son père. Elle apporte en dot, me disait le vieux tisserand, deux jolis yeux bleus, une aiguille à coudre, assez d'esprit et un bon cœur. Quant à lui, ajoutait-il tout bas, en me montrant Gilland, c'est un gros capitaliste. Il possède un grand cœur et une belle intelligence. Causez un peu avec lui, et vous verrez si ma Félicie ne fait pas un riche mariage. En effet ces deux enfans n'avaient rien que leurs bras, selon le monde, mais

VI

devant Dieu, ils s'apportaient l'un à l'autre la vraie richesse.

J'étais à cette époque, très-occupé, ou pour mieux dire, préoccupé par trop de soins. J'aurais voulu voir Gilland plus souvent et plus longtems : mais lui-même manquait de tems, et demeurait loin. Cependant la connaissance fut bientôt faite. Pardonnez-moi, Amis et frères, de vous raconter un détail qui ne sera point puéril à vos yeux. C'était un soir d'hiver, entre chien et loup, comme on dit. Je questionnais Gilland sur la situation des ouvriers des faubourgs. Il me parlait simplement, dans un langage correct, mais sans art et sans prétention. Sa voix n'avait pas d'éclat, et, à la lueur d'un feu mourant dans l'âtre, je ne voyais même pas sa figure. Il n'exerçait donc autour de lui aucun des prestiges de l'éloquence habile, et il ne songeait même pas à rendre sa parole insinuante et persuasive. Il parlait comme quelqu'un qui a le cœur plein, et qui pense tout haut. Il disait les souffrances du prolétaire, l'abandon des pauvres enfans au milieu de la corruption des villes, le martyre de l'apprentissage, l'égarement de ceux que l'indignation transporte, le désespoir calme de ceux que le malheur abrutit, les mérites surhumains de ceux qui restent purs et résignés dans cet enfer, enfin tout ce que l'homme dévore ou subit dans sa lutte avec la misère et l'oppression. Tout cela n'était pas nouveau pour moi, comme vous pouvez bien le croire, et Gilland ne m'apprenait rien. Je suis de ceux qui ont eu la douleur de voir la douleur de près, et j'ai été appelé à contempler tant de souffrances dans le cours de ma vie, que si le sentiment de la compassion pouvait s'éteindre dans le cœur humain, le mien serait endurci. Et cependant, à mesure que Gilland parlait, les larmes me gagnaient, et quand il fut parti je pleurai, comme cela ne m'était pas arrivé depuis longtems. C'était des pleurs amers, et pourtant je me sentais plus de courage et d'espérance qu'auparavant, car je me disais : quand des hommes si sensibles et si dévoués naissent dans les rangs de la misère, de meilleurs jours s'approchent. Le peuple jusqu'à présent n'a pas senti son malheur, ou il ne l'a pas senti à propos et comme il convient. Il l'a senti dans l'abattement ou dans la colère, pour se laisser écraser, ou pour secouer son joug, en brisant son front avec. A présent le peuple va prendre une voix pour se plaindre avec chaleur, pour réclamer avec modestie, pour se venger en pardonnant. Oui, c'est la voix du peuple que je viens enfin d'entendre, c'est sa voix juste et vraie, ce n'est plus le cri de son agonie impuissante, ni celui de sa fureur déchaînée et meurtrière. Ce n'est pas l'accent enflammé du tribun. Le monde a entendu ces accens, ils ont brisé, ils n'ont pas édifié. Ce n'est pas non plus le chant prophétique de l'inspiration qui élève des autels à un Dieu encore irrévélé au vulgaire. Les poètes et les philosophes ont chanté ces hymnes et ils se sont perdus en montant vers les cieux. La terre a été sourde et rien n'a été renouvelé parmi les hommes. Mais cette voix, c'est celle de la conviction persuasive, de la raison attendrie, de la dignité humaine, volontairement et chrétiennement humble, mais d'autant plus ferme qu'elle est plus douce. Et ainsi je repris courage, comptant sur la Providence pour faire passer peu à peu dans tous les cœurs ce beau et pur sentiment que, sans le savoir, un ouvrier venait de manifester dans quelques simples discours sortis de son âme.

Et pourtant Gilland n'est point un orateur et ne se pique pas de l'être. Il parle bien, parce qu'il pense bien, parce qu'il sent vivement. J'ai peu rencontré d'âmes aussi sympathiques et aussi tendrement dévouées à l'humanité que la sienne, et je mets en fait que quiconque l'écoutera attentivement, même avec des préventions contre l'homme et sa race, sera vaincu par sa douceur et pénétré de sa sincérité. C'est que Gilland est l'homme de son langage, le fidèle observateur des vertus qu'il enseigne. Il n'existe pas de cœur plus pur. Voilà ce qu'avant tout, je voulais dire de lui à ses frères. Son petit livre prouvera qu'il y a en lui de l'intelligence, du talent, et de véritables instincts poétiques ; mais il n'est point de ceux en qui l'on peut séparer le talent de l'homme. Non, Dieu merci, l'intelligence de cet homme-là, c'est une belle âme, un esprit qui voit clair parce qu'il cherche la lumière en Dieu, un cœur ouvert à tous et qui se manifeste avec chaleur et simplicité par la parole, par les chants, par le travail des bras, par le style, par le dévouement, par l'amitié, par l'amour de la famille, par toutes les faces de son existence.

Lorsqu'un littérateur de la classe aisée jette son premier livre au public, c'est parfois sous le voile de l'anonyme ou du pseudonyme. Dans tous les cas, c'est toujours avec une certaine méfiance de soi ou du public. La modestie et la vanité trouvent également leur compte à présenter l'œuvre en cachant la personne de l'auteur. Tantôt c'est une mystérieuse coquetterie, tantôt c'est une crainte excessive de la critique, tantôt, enfin, c'est quelque motif plus sérieux tiré d'une situation particulière qui commande la réserve. En général il est réputé de mauvais goût, dans les mœurs littéraires du beau monde, de parler de soi, et un débutant de ce monde-là, qui laisserait placer son éloge personnel et le compte-rendu de son existence en tête de son ouvrage, ferait rire et non sans raison.

Mais les choses prennent un autre sens et produisent

un autre effet en se déplaçant. Les usages du peuple sont à la fois plus naïfs et plus sérieux que ceux de la bourgeoisie. Le peuple a peu de temps à perdre, et il ne veut pas se livrer à un inconnu. Il a quelque méfiance de cette chose excellente et funeste, attrayante et trompeuse, un livre ! Il faut donc lui présenter l'auteur, lui servir de parrain en quelque sorte, et pouvoir dire : « Lisez-le, il est moral, il est honnête et sincère. » Il écrit comme il pense, et il pense ce qu'il écrit. »

Cet usage a quelque chose de patriarcal dans son principe, et nous nous y conformerons de bon cœur, Frères et amis, en vous racontant la vie de Gilland. Il me la racontée lui-même dans cette manière simple, qui est la meilleure de toutes, et c'est pourquoi je vous transcrirai ses propres paroles.

« Je suis né (Gilland Jérôme-Pierre), le 18 août
» 1815, à Sainte-Aulde, petite commune du départe-
» ment de Seine-et-Marne. Mes aïeux furent tous
» bergers de père en fils. Je suis le premier de la
» famille qui ait rompu la tradition, non que le métier
» me déplût en lui-même ; au contraire : encore enfant,
» j'en aimais l'austérité, l'isolement et la poésie, que
» je comprenais fort bien. Mais il s'attachait à cette
» condition de mes parens une servitude, qui dégéné-
» rait peu à peu en véritable esclavage ; et si jeune
» que je fusse, la dégradation humaine m'a toujours fait

» horreur. Vous trouverez presque tous les détails de
» mon premier âge, dans le conte intitulé les *Aventures*
» *du petit Guillaume* ; sauf le chapitre de la domesticité
» chez les Anglais, qui est une fiction, tout le reste
» est de *l'histoire*.

« Mon éducation a été celle de tous les enfans pau-
» vres des campagnes, je ne suis allé que trois hivers
» à l'école de mon village, et encore, j'ai été forcé de
» la quitter pour le travail des bras, avant de savoir
» écrire. Afin de mieux nous abrutir, apparemment, on
» nous apprenait à lire le latin, comme je l'ai dit dans
» mon conte. Pendant cette étude absurde, le tems se
» passait, l'âge du travail arrivait, on quittait la classe
» et on n'y rentrait plus. La génération des hommes
» de mon âge doit pour cela bien des actions de grâce
» à la mémoire de Louis XVIII, ce bon roi de France
» et de Navarre, qui a tant souffert pour nous dans
» son exil, comme chacun sait, et qui le montrait si
» bien par sa figure.

» Le goût de la lecture me vint aussitôt que je pus
» comprendre ce que je lisais. Mes pauvres parents ne
» connaissaient ni *a* ni *b* : mais j'avais un oncle,
» sabotier, qui possédait quelques livres et qui me les
» prêtait. Il me les donna même tous un jour, quand
» il vit que j'en avais soin et que j'en faisais mon
» profit.

» J'allais avoir onze ans, et je travaillais déjà depuis
» trois ans, lorsque mon père eut à la main un mal
» *d'aventure* qui le força de quitter son état. Il vint à
» Paris, résolu à se faire couper le bras ; mais, par
» bonheur, on le guérit. Nous étions six enfants à lui
» demander du pain. Il se fit portier pour nous en
» donner. En arrivant à Paris, je fus immédiatement
» mis en apprentissage chez un bijoutier. Le métier
» me convenait assez, mais j'en rêvais un autre. J'aurais
» voulu être peintre. En faisant mes messages, je ne
» pouvais m'empêcher de m'arrêter et de m'extasier
» devant les magasins de tableaux et de gravures.
» Vous ne sauriez croire combien Gérard, Gros,
» Bellangé, Horace Vernet, m'ont valu de coups.

» A cet âge, avec les quelques *pièces de pour boire*
» que je recevais de tems en tems en allant livrer de
» l'ouvrage, j'achetais de ces petits livres à six sous
» que l'on voit étalés sur les ponts et sur les murailles.
» C'étaient les abrégés de Robinson, de Télémaque,
» de Paul et Virginie, de la vie du chevalier Bayard
» *sans peur et sans reproche!* Que cette devise me
» semblait belle ! Et puis la Lampe merveilleuse, et
» puis Claudine, et puis Estelle et Némorin. C'était
» bien ; mais il y avait aussi des histoires de Cartouche
» et de Mandrin, et nombre d'autres histoires fort
» peu édifiantes, même obscènes, que l'on me vendait

» sans scrupule et que j'achetais sans défiance. On
» devrait mettre au pilori ceux qui font commerce de
» ce poison et qui le livrent à de malheureux enfants.

» Ces dangereuses lectures, jointes au séjour de
» l'atelier, aussi mauvais alors qu'aujourd'hui, trou-
» blèrent mon esprit et je faillis me corrompre comme
» bien d'autres que le ciel n'avait pourtant pas faits
» méchants. Mais vint l'époque où l'on vendait de
» grands ouvrages par livraisons. J'étais ouvrier alors,
» et je souscrivais à tout. Pour cela je vivais de pain
» sec une partie de l'année, mais je lisais, et mon
» pain me paraissait délicieux. Ces lectures sérieuses
» me faisaient grand bien et me ramenaient peu à
» peu à ma première honnête nature. Un jour
» j'ouvris Jean-Jacques et je fus tout-à-fait sauvé.

» Je pris dès-lors la vie et la vertu au sérieux. Plus
» tard j'eus encore quelques accès de doutes et de
» trouble, mais grâce à ces grands modèles de l'hu-
» manité que nous pouvons invoquer, depuis Marc-
» Aurèle jusqu'à Fénélon, depuis Socrate jusqu'à
» St-Vincent de Paule, j'ai toujours ramené ma vie au
» bien et au vrai. »

Ce que Gilland m'a confié de sa vie intime et des affections de son cœur est aussi pur et aussi bon que sa vie intellectuelle. J'ai été frappé d'une circonstance particulière. C'est qu'il a aimé une femme égarée et qu'il a voulu la réhabiliter par son amour. Ce sentiment où la passion prend la forme de la charité chrétienne, et se sanctifie en proportion de la dégradation de son objet, a traversé le cœur de plusieurs hommes de ce tems-ci, et y a laissé une trace de douloureuse piété. Tous n'ont pas eu le bonheur d'arracher au mal la malheureuse proie de la corruption sociale, mais du moins presque tous ceux qui l'ont tenté sérieusement étaient, à ma connaissance, des hommes d'élite, soit par le cœur, soit par l'esprit. Gilland échoua dans sa généreuse entreprise.

» Je venais, dit-il, d'échapper à la conscription.
» J'étais libre. J'aurais voulu me marier avec cette
» femme pour la retirer de l'abîme, la sauver d'une
» vie de turpitude, car elle ne faisait que de com-
» mencer. Elle était si jeune, si frêle ! en la regar-
» dant, il me semblait lire dans son âme le remords et
» le désespoir. Je voulais lui donner mon nom, un
» nom honnête à la place de son nom souillé, la réha-
» biliter aux yeux des autres et aux siens. Elle était
» pâle... Je me disais : C'est son affreuse position qui
» la torture, le pain qu'elle mange est si amer !

» Mais avant de lui faire connaître mon amour, je
» voulais qu'elle se purifiât par quelque sainte action,
» et voici ce que j'imaginai. Un de mes camarades
» venait de partir soldat ; il avait laissé un enfant à

» une pauvre ouvrière qui venait de mourir. Je vou-
» lais adopter cet enfant pour le donner à la mal-
» heureuse que j'aimais d'un amour à la fois chrétien
» et romanesque ; je voulais qu'elle l'aimât comme son
» fils, afin qu'en lui voyant cet enfant dans les bras,
» tout le monde la respectât, comme je voulais la
» respecter moi-même. Ma mère était ma confidente.
» Je l'engageais, en bonne âme qu'elle était, à aller
» chercher l'enfant. Mais elle me fit un doux sermon.
» Elle me dit que celle dont je voulais faire ma com-
» pagne ne m'aimerait pas, qu'elle ne comprendrait
» point mon sacrifice, qu'elle m'abandonnerait pour le
» premier débauché qui aurait de l'argent ; que le
» monde était méchant, que l'enfant me serait repro-
» ché comme le fruit de mon inconduite. Les mères
» sont toujours un peu égoïstes dans leur tendre pré-
» voyance. La mienne parlait le langage de la rai-
» son et pourtant elle pleurait en me grondant, et
» elle pleure encore lorsqu'elle raconte cette folie
» de ma jeunesse, que je ne saurais me repro-
» cher. »

Force fut bien à Gilland d'écouter sa mère, car la pauvre fille égarée, après avoir hésité entre le vice et la vertu, se rejeta dans l'ivresse et partit avec un nouveau riche.

Après avoir oublié, non sans peine, cette infortunée,

XVI

Gilland s'attacha sérieusement à une ouvrière, sa sœur de condition, sa compagne de labeur.

. . . . « Si l'on peut donner le nom d'ange à quel-
» qu'un pour exprimer la beauté, la douceur et l'intel-
» ligence, certes celle-là le méritait. Nous travaillions
» à côté l'un de l'autre, presque dans le même atelier ;
» moi chez le patron, de mon état de serrurier (état
» que j'avais définitivement adopté et que j'aime, quoi-
» qu'il me fatigue beaucoup); elle chez la dame comme
» couturière. Nous nous aimions sans nous le dire et
» plus certains l'un de l'autre que si nous avions échangé
» des serments. Notre amour se manifestait par sa ré-
» serve même. Cette jeune fille n'avait que dix-sept ans.
» Depuis que je l'aimais, je travaillais comme dix nègres,
» le jour à mes serrures, pour me faire quelques épar-
» gnes et pour acheter un ménage, la nuit, à l'étude
» de la grammaire que j'apprenais seul et que je n'ai
» jamais pu mener plus loin que ce que vous voyez.
» Pendant ce tems, la jeune ouvrière travaillait aussi de
» son côté et avec des motifs semblables aux miens.
» Pauvre enfant ! Elle succomba sous la fatigue. Elle
» devint malade, elle s'affaiblit, elle languit, elle mou-
» rut ! Cette mort qui me frappait au cœur, aurait dû
» le fermer à jamais aux sentimens tendres ; mais j'étais
» né pour vivre de toutes les affections et pour souffrir
» de toutes les douleurs.

« J'ai souvent entendu dire que les morts s'oublient
» vite. Quant à moi, mon souvenir reste fidèle à ceux
» que j'ai mis dans la tombe. Je voile aux regards indif-
» férents, le deuil que je porte, mais il y a toujours
» quelque chose qui les pleure au fond de mon âme.

« Je restai quelque tems sous le coup d'un découra-
» gement sombre, d'un désespoir qui tenait de l'hébéte-
» ment. Ma famille n'en savait rien, Dieu merci ! Mes
» camarades ne me comprenaient pas, et au lieu de me
» consoler, ils m'emmenaient boire avec eux ; mais le
» vin ne m'était d'aucune ressource, il m'abattait da-
» vantage et ne m'enivrait pas. J'y renonçai résolument,
» honteux même d'avoir espéré trouver l'oubli au ca-
» baret et le courage dans ce délire abrutissant que des
» poètes ont osé nous vanter comme le premier des
» biens. Le tems que j'avais passé à cet essai ne fut
» pourtant pas perdu absolument pour moi. J'y obser-
» vai, j'y pénétrai la nature humaine que je me serais
» laissé aller à mépriser, à détester peut-être, si je
» n'avais vu que la surface grossière. Plus curieux de la
» vérité, ou plus attentif que la plupart de mes compa-
» gnons, je les amenais en choisissant bien le moment,
» à s'épancher, à me faire leur confession, à se montrer
» à moi tels qu'ils étaient, et tels que Dieu nous voit
» tous. Mes expérimentations me prouvèrent ceci : que
» tous les hommes étaient malheureux ; qu'ils nourris-

» saient tous, soit pour une cause, soit pour une autre,
» une grande tristesse au dedans d'eux-mêmes ; que
» l'on découvre ce mal jusque chez ceux qui le nient
» avec plus d'obstination et de prétendue insouciance ;
» que leur misère morale dépasse de beaucoup leur
» misère matérielle, quelque grande qu'elle soit. Enfin
» qu'il y avait un grand mal au milieu de nous tous, et
» que ce mal pouvait se soulager, diminuer, disparaître !
» De là au travail de rénovation morale que j'entrepris
» comme fondateur de l'*Atelier*, il n'y avait plus qu'un
» pas. Au Moyen-âge, après mes premières déceptions,
» je me serais fait religieux indubitablement. Je me
» serais jeté tout entier dans la vie ascétique. En ces
» tems-ci, j'ai visé sinon plus haut du moins plus juste.
» J'ai compris l'utilité de la vie, j'ai eu en vue l'aposto-
» lat de l'égalité, et j'ai commencé par prêcher d'exem-
» ple, afin de donner plus de force à mes enseignemens.
» Je suis devenu sage, sage relativement à beaucoup
» d'hommes auxquels je suis à même de me comparer ;
» mais je suis encore loin d'atteindre ce que je voudrais
» être, car j'ai toujours devant les yeux un idéal de
» perfection sainte, que je rêve pour les hommes en
» le cherchant pour moi. »

Gilland, en effet, consacra ses rares heures de loisir à la prédication fraternelle d'ami à ami, de cœur à cœur. Il rédigea dans l'*Atelier* quelques articles d'une tou-

chante moralité et se lia avec l'élite des ouvriers instruits de Paris(1). Il a épousé, ainsi que je l'ai dit, Mademoiselle Magu. « La connaissance que j'avais faite du
» vieux poète à notre village, me procura, dit-il, le bon-
» heur de posséder une compagne intelligente et
» douce, telle qu'il m'en fallait une, et telle que bien
» peu de gens peuvent se vanter d'en posséder. Vous
» connaissez nos amis, notre intérieur. Notre ménage
» est tel qu'on pourrait le souhaiter à bien du monde
» dans notre malheureuse société. Mon père et ma
» mère sont encore vivants, Dieu merci. Ils ne gagnent
» presque plus rien, et sans nous seraient depuis long-
» tems à l'hôpital. Et cela après avoir été les plus hon-
» nêtes gens et les meilleurs travailleurs du monde. Je
» pourrais vous citer d'eux des traits de probité et de
» désintéressement admirables.

» J'aurais pu à une certaine époque m'établir et de-
» venir maître à mon tour. Il m'a été plusieurs fois offert
» de l'argent pour cela ; mais j'ai voulu rester ouvrier.
» J'ai toujours pensé que l'association émanciperait les
» travailleurs, et qu'elle seule devait être soutenue et
» préconisée. J'y ai fait de grands sacrifices. Après avoir
» prêché, j'ai expérimenté. J'ai beaucoup perdu pour

(1) Avec Agricol Perdiguier entre autres.

» arriver à des résultats nuls ; mais je n'en persiste pas
» moins à rêver et à demander l'association, et j'ai la
» certitude qu'elle prospèrera tôt ou tard. Plus que
» jamais je veux rester ouvrier. Si j'avais dix fois plus
» de talent et de ressources que je n'en ai, je persis-
» terais, je tiendrais d'autant plus à mon idée, afin de
» prouver à tous les vaniteux égoïstes, que le travail
» doit être sanctifié, qu'il élève, et rend indépendants
» ceux qui l'aiment, et qu'il n'est incompatible avec
» aucune des positions de notre société actuelle. »

Voilà pourtant l'homme que l'esprit de parti et l'aveuglement populaire ont qualifié de factieux et d'anarchiste, et traité comme tel, dans ces derniers tems.

Après la révolution de février, Gilland dont la moralité et le caractère étaient connus, reçut la mission délicate d'apporter des paroles de conciliation au sein des populations de Buzançais, chez lesquelles le récent avènement de la République avait remué de tristes et sanglans souvenirs. Grâce à l'influence salutaire qu'il sut exercer, de nouveaux malheurs furent évités, et lorsque les esprits, éclairés par de sages conseils, furent calmés, Gilland revint à Paris, plus pauvre encore qu'il n'en était parti.

Porté à la candidature pour la députation dans le département de Seine-et-Marne, il échoua avec plus de vingt mille voix. Il avait été sur le point d'en réunir un plus grand nombre encore, mais là, comme partout, à la veille du scrutin, la réaction répandit soudain les bruits les plus absurdes, les calomnies les plus odieuses : Gilland était un buveur de sang, un débauché, un mauvais citoyen, un mauvais père, un mauvais fils ; il battait sa femme, il prêchait le meurtre et le pillage, etc. La réaction n'a pas fait de grands frais d'imagination dans ses intrigues électorales, car, sur tous les points de la France, le même jour, à la même heure, les mêmes calomnies ont été lancées contre les républicains. Quant à Gilland, personne ne pouvait avoir de haine politique contre lui, et ceux qui s'attachaient à le calomnier ne le connaissaient même pas. Mais c'était un homme du peuple, un homme de progrès, et il ne fallait pas de ces hommes-là.

Gilland était rentré dans son faubourg et gagnait sa vie tant bien que mal, l'ouvrage n'abondant plus, lorsque éclatèrent les évènemens de juin. Au milieu de la mêlée, voyant le faubourg envahi, sa maison menacée par les boulets, son rôle impossible, car il ne pouvait ni se mêler à l'insurrection qu'il ne comprenait même pas, ni marcher contre ses frères égarés, il prit ses enfants dans ses bras, et, suivi de sa jeune femme, il sortit de Paris avec des peines et des dangers extrêmes. Il se rendait à Lizy auprès de son beau-père, le poète Magu, auquel il voulait confier les objets de son affection. Mais à peine arrivé à Meaux, des groupes de furieux s'élancent sur lui, des hommes exaspérés par l'horrible malentendu qui, en ce moment avait saisi la population de vertige d'un bout de la France à l'autre, s'écrient : « Le voilà ce républicain, ce factieux, cet ennemi de la famille et de la propriété ! Il fuit, c'est un chef d'insurgés, ce ne peut-être qu'un communiste. » On arrache ses enfans de ses bras, on l'insulte, on l'aurait tué si la garde nationale ne fût intervenue et ne l'eût arrêté pour le sauver. En toute autre circonstance, il eût été relâché le lendemain. Mais il n'en fut point ainsi. La réaction qui sait si bien exploiter les évènemens, ne lâcha point la proie qui lui tombait sous la main, et Gilland dut s'estimer heureux d'être gardé cinq mois en prison sans savoir pourquoi, et de ne pas être transporté sans jugement. Il supporta cette épreuve avec une angélique résignation et enfin il passa devant le conseil de guerre qui le renvoya acquitté. Mais quel dédommagement nos lois donnent-elles à l'innocent qui a subi les rigueurs de l'arrestation préventive.? Un pauvre ouvrier est arraché à sa famille, à son travail, sa femme reste sans protection, ses enfans peuvent mourir de faim. Au bout d'une demi-année de captivité, où souvent la santé s'est perdue, on le met sur le pavé en lui disant : « Allez en paix. On s'était trompé. »

Gilland a occupé les tristes loisirs de sa prison à

revoir et à compléter une série de contes populaires qu'il publie aujourd'hui dans le même but d'instruire et de moraliser le peuple, qui a dirigé toute sa vie : récits naïfs et touchans où se reflètent la clarté de son intelligence, la poésie de ses instincts et la beauté de son âme. Lisez-les, vous qui aimez, priez et souffrez. Vous y trouverez de bons conseils, des consolation fraternelles, et l'amour de l'humanité.

GEORGE SAND.

Nohant, février 1849.

Nous donnons ici un extrait du procès de Gilland devant le conseil de Guerre. Cela seul suffirait pour montrer sur lui la vérité dans tout son jour, et pour effacer à son sujet toute mauvaise prévention, à l'avenir, dans le cœur de ses concitoyens. On doit comprendre que la note fournie contre Gilland par le juge d'instruction Cadet-Gassicourt, qui ne l'a jamais interrogé ni jamais vu, est la chose du monde la plus erronée, pour ne pas dire la moins excusable. En avançant de tels faits sans preuve aucune, la magistrature s'avilit dans ceux qui la représentent : ils ne servent pas la justice, ils la déconsidèrent.

(Extrait du journal l'*Estafette* du 11 novembre 1848.)

DEUXIÈME CONSEIL DE GUERRE.

INSURRECTION DE JUIN.

Audience du 10 novembre 1848.

Affaire GILLAND.—*Accusation d'attentat (barricades du faubourg St-Antoine).*

« L'accusé est âgé de 55 ans, ouvrier serrurier, il demeurait cour de la Bonne-Graine, 15, faubourg St-Antoine. Il est très-brun, de taille moyenne, d'une physionomie régulière et intelligente; il s'exprime avec facilité, et a concouru de sa collaboration à la rédaction du journal l'*Atelier*, depuis le jour de sa création. L'accusation qui pèse sur lui, et qui s'était d'abord produite comme très-grave, s'est beaucoup simplifiée dans l'instruction, et va se réduire aujourd'hui presqu'à néant par l'unanimité des témoignages qui expliquent et élucident sa conduite.

Primitivement plusieurs habitans de Meaux prétendaient avoir aperçu l'accusé dans cette ville le dimanche 25 juin, supposant qu'il y avait été pour appeler les ouvriers de cette localité au secours des insurgés de Paris. Mais il est désormais établi que la ressemblance de l'accusé avec un sieur Fiston, avait occasionné une erreur que les témoins se sont empressés d'eux-mêmes de rectifier.

Il avait été de même avancé que l'accusé, qui n'est, en réalité, parti pour Meaux que le lundi matin par le bateau-poste, emmenant avec lui sa femme malade et ses deux jeunes enfants, était porteur d'une somme de 55,000 fr. destinée à soudoyer la révolte. Non seulement cette allégation était fausse, mais il avait dû emprunter 10 fr. à M. Agricol Perdiguier pour subvenir aux modestes frais de son voyage.

Du reste, l'accusation est basée uniquement sur une pièce émanée de M. le juge d'instruction, pièce, il faut se hâter de le dire, à laquelle les débats ont donné le démenti le plus absolu, le plus complet.

Nous croyons faire acte de justice en livrant cette pièce à la publicité : « Gilland (Jérôme-Pierre), homme influent parmi les ouvriers du faubourg St-Antoine, voisin, ami, et peut-être instrument d'Agricol Perdiguier, dont il a reçu de l'argent, et avec le neveu duquel il a marché lui deux-centième sur l'Hôtel-de-Ville, le samedi 24, a toujours été sous les armes nuit et jour pendant l'insurrection, prétend seulement n'avoir pas fait feu sur les barricades; mais il avoue avoir fait un autre service, celui de monter la garde à la porte de la chambre où l'on gardait prisonniers les représentans qui accompagnaient l'archevêque.

» Du reste, selon lui, ou selon les rumeurs qu'il lui plaît de rapporter, l'archevêque a été assassiné, non par les insurgés, mais par la troupe.

» Ayant pris la fuite dans la nuit du dimanche au lundi, voici le discours qu'il tenait en arrivant à Meaux :

» A quoi servirait d'arrêter la guerre civile ? Ce serait à recommencer demain : on a envoyé à l'Assemblée des hommes qui ne peuvent faire le bien! Oui, j'étais hier à la bataille, qui est loin d'être finie. Ne croyez pas que le faubourg St-Antoine soit rendu; on a fait le siège de ma maison, qui est toute criblée de balles, et il faudra faire celui de toutes les autres. Tout est disposé pour une résistance désespérée, et d'ailleurs, si on se rend maître du faubourg, on y mettra le feu. » (Il savait donc quelle était cette terrible consigne donnée sur tous les points, et qu'on retrouve dans toutes les affaires!)

« Les pensées de spoliation et de pillage qui dominaient les insurgés étaient celles les plus intimes de Gilland et de ses proches. Dans peu, le bien des riches nous appartiendra! est l'un des propos de sa belle-mère.

» Gilland s'était ou avait été porté comme candidat à l'Assemblée nationale par la coterie démagogique. Si son ambition lui a fait des ennemis, il a aussi pour lui l'esprit de parti.

» Beaucoup de témoignages s'élèvent en faveur de l'inculpé. La commission jugera. Les faits géné-

raux peuvent être d'un grand poids dans la balance.
» Le 18 juillet.

» *Signé* : CADET-GASSICOURT. »

M. GRATIOT, docteur-médecin à La Ferté-sous-Jouarre, a rencontré l'accusé le lundi 26, à 6 heures du matin, à Pantin, au moment où il y débarquait pour se rendre à Paris avec le bataillon de la garde nationale qu'il commande. Il lui demanda des détails sur l'insurrection. Gilland lui répondit que les dégâts étaient immenses, que les maisons du faubourg étaient criblées de balles. Dans la déposition que j'ai faite à Meaux, ajoute le témoin, on m'a fait dire que je tenais de la bouche de Gilland qu'il était le chef de l'insurrection. Je m'inscris en faux contre ces expressions; ma pensée a été mal rendue; j'ai seulement expliqué qu'il m'avait dit : Hier, j'étais à la bataille.

M. LARABIT (Marie-Denis), 55 ans, représentant du peuple, ne connaît pas l'accusé : ayant été appelé pour une autre affaire au greffe du conseil de guerre, il y apprit que le nommé Gilland, dont il avait entendu parler avec éloges dans le département de Seine-et-Marne où il a une propriété, était-là, il témoigna le désir de le voir. Gilland lui raconta alors, qu'ayant appris le 24 juin qu'il était prisonnier ainsi que deux autres représentans, il s'était empressé de se rendre à la maison où ils étaient gardés prisonniers. Voyant que la force qui entourait cette maison était insuffisante pour garantir leur sûreté, il réunit quelques ouvriers, avec lesquels il vint renforcer ce poste. Il se plaça en faction à la porte, et y resta pour concourir à maintenir les mal intentionnés.

M. PASCAL, rédacteur en chef de l'*Atelier*, rend témoignage des excellens sentimens de l'accusé, qu'il connaît pour un ami de l'ordre et animé d'excellens sentimens, et d'un caractère essentiellement pacifique.

M. Corbon, vice-président de l'Assemblée nationale, connaît l'accusé de la manière la plus intime. C'est un excellent ouvrier, sage, honnête, laborieux et éclairé. Il a pris en toute occasion l'initiative des actes généreux et marqués au sceau de la loyauté; c'est ainsi que lorsqu'une démarche a été faite près du pouvoir exécutif pour demander la rentrée de l'armée dans Paris, Gilland a fait partie de la députation. Le témoin Corbon veillait à l'Assemblée nationale dans la nuit où M. Larabit y fut amené par des parlementaires du faubourg; il a appris alors d'une manière précise qu'il avait concouru de tous ses efforts à assurer la sûreté des représentans prisonniers.

M. Le commandant Delettre, commissaire du gouvernement, en présence des témoignages honorables et concordans qui se produisent en faveur de l'accusé, déclare se désister de l'accusation.

Mᵉ Millet dit quelques mots seulement sur les antécédens de l'accusé, et le conseil, après quelques minutes seulement de délibération, prononce son acquittement et ordonne qu'il soit mis immédiatement en liberté.

AVANT-PROPOS.

LES CONTEURS OUVRIERS.

A MES ENFANTS.

Les ouvriers ont leurs conteurs, comme les marins du bord, comme les soldats de la chambrée. C'est pendant les longues et monotones soirées d'hiver, quand le chômage leur laisse un loisir forcé et pénible, qu'ils se réunissent autour de celui que, plus heureux, ils délaissent parfois, mais qu'ils recherchent alors comme le seul être privilégié capable de leur faire oublier un moment les inquiétudes qui les rongent, ou les chagrins qui les accablent.

Le conteur de l'atelier est d'habitude un homme de bonnes mœurs et de probité exemplaire. Attrayant narrateur et fidèle gardien des sages préceptes, il fait plus pour la morale dans ses fraternels enseignements que maint philantrope renommé, que maint livre couru et vendu bien cher. Tour à tour grave comme Nestor, ou éloquent comme Démosthènes, il est quelquefois aussi, enjoué comme les enfants; insoucieux et profond, dans ses naïvetés, comme ses devanciers d'un autre âge. Quand cet homme est doué d'un bon cœur et d'un noble caractère, il peut exercer chez nous une très-salutaire influence. Sympatique à son auditoire, dont il connaît les faiblesses de cœur et la portée d'intelligence, ses bons enseignements sont toujours pleins d'autorité. Ayant l'expérience de la vie; vieilli par la fatigue, éprouvé par le malheur, il est toujours sûr d'inspirer le respect et la confiance, et partant, de se faire écouter avec déférance, de persuader et de se voir obéi.

Si par bonheur cet homme possède quelque instruction, si, avec ses qualités naturelles, quelque science s'unit à son bon vouloir, son discernement n'en est que plus éclairé, et sa méthode que plus ingénieuse. Il choisit de préférence les beaux faits historiques pour les faire passer devant nos yeux; il nous montre le progrès des idées, la religion qui grandit, la morale qui s'épure, et la civilisation moderne poursuivant sa marche incessante vers un idéal de perfection qui n'est peut-être pas très-éloigné, qui montre ses progrès de jour en jour à mesure que l'on peut recueillir les tendances de l'humanité et les aspirations incessantes de tous les esprits et de toutes les âmes. Il cherche la cause de nos misères dans les vices de nos institutions, dans l'oubli des devoirs communs, dans l'ignorance des uns et la dureté des autres — ayant soin, comme Jésus, de prêcher l'amour du prochain et l'oubli des injures personnelles, sans oublier, quel que soit le sujet qui l'occupe, d'en tirer des inductions favorables à l'avenir, en sapant des préjugés funestes et en ravivant des espérances fécondes. Variant ses textes au gré de sa gaîté expansive et tendre, ou de ses enseignements austères et fraternels, il cherche toujours à plaire, à intéresser, à convaincre ceux qui sont venus l'écouter ; et pour cela, aujourd'hui, il suit les pas d'un voyageur aventureux ; demain, il déroulera la légende mystérieuse ; hier, c'était une touchante histoire d'amour qu'il nous racontait, plus tard ce sera quelques poétiques souvenirs d'enfance, dont il nous entretiendra et qui nous feront palpiter le cœur, en nous attendrissant jusqu'aux larmes. — C'est du moins ce que j'ai éprouvé en écoutant les récits qui vont suivre et que j'ai essayé de rendre dans leur exacte fidélité. Mais il y manquera toujours le charme du narrateur primitif, l'expression de la voix qui me les dictait, et l'intérêt du lieu où je les ai recueillis.

A MADAME D...., NÉE CHAMPION.

LA FILLE DU BRACONNIER.

Nouvelle.

Il y avait à mon village une pauvre folle, mélancolique et silencieuse, que l'on appelait Marianne-la-Fugitive.

C'était, à l'époque dont je parle, une douce et inoffensive jeune fille que tout le monde aimait par compassion pour ses malheurs, et qui n'avait jamais causé de désagrément à personne de nous, quoiqu'il y eût des jours où sa démence prenait un caractère alarmant, qui, sans être hostile à ses semblables, les inquiétait pourtant et les peinait beaucoup.

Marianne était toujours vêtue d'habits fort propres et très-simples, mais mis en désordre et même quelquefois déchirés. Elle ne portait pas de chaussure. Ses longs cheveux blonds et soyeux tombaient sur ses épaules en boucles négligées et, en certaines occasions, elle s'en faisait un voile pour se dérober aux regards des indiscrets qu'elle voulait éviter. Bien que toute sa personne fût frêle et amaigrie par la souffrance, son visage était encore très-remarquable, et les ravages du mal n'avaient pu tout-à-fait en effacer les traits délicats et purs, ni la douceur suave et harmonieuse. Il conservait presque intacte cette fraîcheur du premier âge qui maintenant ne se trouve plus guère que par exception dans la jeunesse des villes, mais qui rend encore nos enfants des campagnes si rosés sous le hâle, si attrayants et si beaux.

Dans ses jours heureux, il y avait des moments où Marianne était encore belle et où les garçons du pays soupiraient en la voyant passer. Quant aux étrangers ils la regardaient toujours avec une surprise douloureuse, il leur suffisait d'apprendre quelle était son infortune pour éprouver à son aspect un sentiment de commisération profonde qui allait jusqu'à leur navrer l'âme. Avec sa simplicité, son innocence et sa douceur infinie, Marianne comptait autant d'amis qu'il y avait d'habitants au village. Nul de nous, si indifférent qu'il fût, ne pouvait lui refuser sa sympathie; toujours on se trouvait heureux de lui venir en aide dans les divers besoins de la vie, et toujours on lui offrait, le soir, sa part d'un repas modeste et une place au foyer s'il en était besoin. Mais cela arrivait rarement, car la *Fugitive* voulait toujours être seule et libre, et elle préférait dormir sur la paille fraîche de la grange ouverte, plutôt que dans le lit de la maison close, où il fallait rester enfermée jusqu'au jour. Elle vivait donc de l'assistance commune, libre des soucis d'une vie dont elle n'avait pas conscience, et sans souvenir apparent d'un passé malheureux qui, en la frappant, avait détruit en elle, et pour jamais, la plus noble des facultés dont Dieu ait doué la nature humaine.

Bien que Marianne possédât en propre une petite chaumière qui lui venait de sa famille, elle habitait rarement chez elle, plus rarement encore chez ses proches voisins. Les demeures pour lesquelles elle semblait garder une espèce de prédilection, étaient surtout celles qui se trouvaient les plus éloignées de la sienne. Peut-être n'était-ce pas pour les personnes qu'elle y rencontrait, mais à cause de celles qu'elle ne devait pas y voir ; ceci est resté à l'état de mystère. Quand, à une heure attardée, quelque vieille la rencontrait loin du village et lui disait : « La nuit va venir, ma fille ; reviens avec moi ; il n'est pas raisonnable de quitter ainsi sa maison à l'heure où tout le monde retourne à la sienne. » Marianne lui répondait doucement et avec tristesse : « Mère, vous ne la connaissez pas ma maison... » Et quand on ne la regardait plus, elle agitait ses bras comme l'oiseau qui bat des ailes, quand il prend son essor pour s'éloigner de la terre.

Marianne semblait aimer l'isolement, du moins elle cherchait la solitude. Les bois sombres, les chemins déserts, les abords difficiles de la ravine sauvage étaient les lieux où l'on était le plus sûr de la rencontrer, car elle était très-active et toujours en mouvement. Quand elle s'arrêtait c'était pour fixer l'horizon avec une sorte de curiosité inquiète et triste, ou pour parler aux fleurs qu'elle avait cueillies, comme à des êtres chéris capables de l'écouter et de la comprendre. Son langage était étrange mais doux, mélodieux et passionné ; il venait de son cœur, et ce pauvre cœur, malgré tant de misère, était resté bon, aimant, délicat et pur.

« Gentille Marguerite, disait-elle, je t'emporte avec moi pour te protéger, et non pour te faire languir comme la distraction qui t'effeuille ou l'indifférence qui t'oublie. Je t'aime, moi ! pauvre fleur des champs incultes, parce que je t'apprécie, parce que tu es blanche et pure comme les étoiles, et belle dans ta simplicité comme les anges dans leur splendeur. Quand la foule distraite et futile passe à tes côtés sans te voir, ou te dédaigne, te trouvant sans parfums et sans majesté, moi, je rends hommage à tes grâces délicates et suaves, et je plains cette foule de son insensibilité. Tu étais si belle à l'aurore ! La rosée te faisait un collier de perles, et les cieux se miraient dans ta robe étincelante.... En te voyant, j'ai craint pour toi la dent avide des bêtes, ou le pied stupide des méchants ! Va ! désormais, brille et sois heureuse : tu pourras sans crainte t'épanouir dans l'herbe et montrer ton sourire au soleil ; Marianne aura soin de toi toujours, toujours.... »

«.... Et toi, fille de l'églantier, petite rose des buissons, je t'ai cueillie aussi ! Ce n'est pas que tu étais la plus belle, mais tu paraissais la plus humble. Comme la violette qui se cache à tes pieds, tu te voilais sous ton feuillage, et ton parfum seul m'a divulgué tes charmes. Ne me quitte jamais, petite fleur, sois ma sœur, mon amie et ma compagne; je te préserverai du vent glacé de la nuit et de la pluie violente des orages; tu reconnaîtras mon amour à ma sollicitude. Elle sera incessante comme tes besoins et ingénieuse comme tes fantaisies; mon souffle te rafraîchira comme celui de la brise, et dans tous les dangers mon sein te servira de refuge. Tu ne connais pas la tendresse de mon cœur? on le croit mort parce qu'il reste fermé au monde, mais je le rouvrirai, un jour, et tu en recueilleras les trésors méconnus...

« .... Beau bluet de la plaine, disait-elle encore, toi qui mêles tes couleurs célestes à la pourpre des pavots et à l'or des épis murs, sais-tu pourquoi je t'emporte au loin? c'est que nous sommes de vieux amis! c'est que je t'ai gardé mon affection depuis que tu couronnas mon enfance dans des jours de bonheur ;... jours bénis qui devaient être éternels!... C'est parce qu'il t'aime aussi, lui.... lui.... » Et elle murmurait doucement un nom en donnant des baisers à la fleur insensible, qui alors tressaillait sous ses lèvres virginales.

Quand un enfant se trouvait sur son passage, souvent elle l'emmenait à l'écart en le faisant asseoir près d'elle sur la terre humide. Là, elle tirait de dessous ses vêtements un mauvais couteau avec lequel elle creusait des petits trous qui pouvaient à peine cacher la main d'un homme et que sans doute elle croyait bien grands, car elle disait au petit, en les lui désignant du doigt l'un après l'autre : « Vois-tu, vois-tu ? tiens, quand Mariane était riche, elle faisait la charité à tous les pauvres, et tout le monde semblait heureux de la voir. Elle avait de l'argent, de l'argent plein cela, des bagues d'or, des croix d'or, plein cela aussi.... et des habits de toutes sortes, plein cela encore.... et du bonheur. A présent Marianne n'a plus rien, rien ! sa mère est morte.... son père est mort.... Charles est mort aussi ! Et Marianne n'a point d'enfant ! Toi, tu n'es pas mon enfant.... » Quelquefois la pauvre insensée pleurait à ces dernières paroles.

Une de ses bizarreries, et la plus fréquente, était de se croire appelée sans cesse par une voix amie qui venait sans doute d'un monde idéal, et qu'elle seule a connu. A cet appel mystérieux, Marianne ne manquait jamais de répondre; elle faisait plus : elle y obéissait. Au moment où elle semblait le plus affairée, quelquefois même pendant son sommeil, on la voyait tout-à-coup tressaillir, prêter l'oreille avec anxiété, et presque aussitôt articuler un *oui* convulsif en courant éperdue vers la voix imaginaire avec une persévérance et une ardeur telles que souvent la pauvre fille en tombait épuisée et sans souffle. Quelle était donc la cause de son mal et de ses erreurs? son histoire doit nous l'apprendre.

Marianne était fille d'un bûcheron et d'une fermière qui s'était mariée contre la volonté de sa famille parce que l'époux qu'elle avait choisi était pauvre,— comme si l'argent était une qualité, et comme s'il ne suffisait pas d'être honnête et de s'aimer pour être heureux quand on est jeune. A l'âge de dix-huit ans, son père qui était orphelin, n'avait rien au monde pour l'aimer, si ce n'est un pauvre vieux chien avec lequel il échangeait quelquefois une caresse et près de qui il avait toujours vécu. Ce chien gardait la hutte pendant le jour, et la nuit il suivait son maître dans des excursions lointaines. Simon, (c'est le nom du père de Marianne) joignait au métier qui le faisait vivre un talent dont il était fier, et qui ne lui était pas très-facile d'exercer. C'était le chasseur le plus adroit et le plus intrépide d'un pays entouré de grands bois, où tout le monde se livre au braconnage presque dès l'enfance, et où la misère des habitants et la dureté des possesseurs autorise en quelque sorte cette espèce de guerre de ruse et de déprédation, dont les paysans savent si bien tirer parti. Simon n'était pas un de ces maraudeurs craintifs et sordides qui ne s'attaquent qu'au gibier de la table, et que le tricorne galonné d'un garde-chasse fait fuir par tous les chemins. Rien ne lui faisait peur. Il ne reculait pas plus devant un sanglier que devant une biche. Les murs de sa cabane l'attestaient de reste; ils étaient tout garnis au dedans de dépouilles d'animaux féroces qu'il avait attaqués, et qu'il avait vaincus. Il n'y avait rien au-dessus, ni rien au-dessous de sa convoitise de chasseur ; convoitise ardente que la possession enflammait au lieu de la calmer, et que l'opinion publique lui pardonnait, tout en la blâmant, parce qu'elle était désintéressée. Simon obéissait à la passion, non à l'intérêt. Il ne chassait pas pour faire ripaille dans l'ombre comme un larron, mais pour courir les bois et la montagne, en véritable enfant de la guerre et de la liberté. Il sentait en lui le goût inné d'un exercice dont la richesse veut avoir la jouissance exclusive, et qu'il était bien résolu à lui disputer toute sa vie, avec d'autant plus de raison, que bien des fois cela lui servait à apaiser la faim du pauvre que cette même richesse oubliait.

La loi sur la chasse était alors moins rigoureuse qu'elle ne l'est de nos jours. Nous étions sous la restauration, et les bourgeois ne se croyaient pas encore des grands seigneurs ; du moins ils n'en affichaient ni l'orgueil insupportable, ni les prétentions ridicules. Tant que le délinquant n'était pas pris, pour ainsi dire sur le fait, la justice n'avait rien à *connaître* dans ses affaires. Aussi notre braconnier ne cachait jamais ses prises ; il s'en félicitait même en plein soleil, et quelquefois devant le garde-chasse du château, dont il ne pouvait jamais voir sans rire la mine ébahie et sournoise. Simon n'avait qu'un ennemi : c'était cet homme. Ceux même dont le garde-chasse était le serviteur ne partageaient contre Simon ni ses préventions aveugles, ni son envieuse jalousie. Loin de là, ils en parlaient même sans aigreur avec leurs amis, comme d'un homme rempli d'adresse, et en vantant ses prouesses au besoin. Le texte de leurs reproches habituels s'adressait plutôt à l'ineptie du garde qu'à la ruse du paysan insaisissable dont ils connaissaient d'ailleurs la bravoure et la loyauté. Ils le savaient très-honnête et aussi infatigable travailleur qu'il était intrépide braconnier. Si le bon vieux curé de la paroisse blâmait quelquefois le peu d'assiduité de Simon aux offices du dimanche, du moins nul ne pouvait l'accuser de manquer de charité envers son prochain, ni de s'enivrer le lundi, à l'heure où commence la besogne.

Or, à la fin d'une de ses rudes journées de travail dans les bois, Simon regagnait tranquillement sa chaumière, en sifflant un air du temps passé et en caressant du revers de sa main durcie, le manche d'une cognée luisante et acérée qu'il portait sur l'épaule avec une grâce toute pittoresque. Tout était calme et silencieux autour de lui. Il faisait presque nuit, et la lune, qui de temps en temps passait son croissant à travers les nuages, ne projetait sur le chemin assombri, que des ombres douteuses et gigantesques ou des lueurs blafardes et fugitives. Tout-à-coup, Simon cessa de siffler....... Il venait d'entendre un froissement subit dans les feuilles sèches, comme le bruit que feraient plusieurs animaux qui fuient précipitamment. Il se détourna de son chemin et avança du côté du bruit résolument, mais avec précaution, en homme expérimenté qu'il était, tenant sa cognée en avant, comme l'éclaireur tient son fusil. Quand il eut ainsi avancé une vingtaine de pas, il se trouva face à face avec une louve et ses trois louveteaux. C'était une bête monstrueuse par la taille, et qui semblait pleine de force, d'audace et de colère. Simon la reconnut à son cri sinistre et aux yeux ardents qu'elle lançait sur lui. Acculée à un chêne énorme, elle attendait son ennemi de pied ferme, et, serrant ses petits sous son ventre, elle lui montrait les dents aiguës d'une gueule menaçante dont l'écume jaunâtre inondait déjà son poil hérissé.... Le braconnier avançait, avançait toujours ; il serrait son arme, il affermissait sa démarche.... Il allait frapper, mais avant qu'il en eût fait le premier geste, la louve intrépide et furieuse sautait sur lui pour le dévorer.

Nul ne sut ce qui se passa dans cette lutte nocturne entre un homme et une bête sauvage dont le sentiment naturel excitait encore la férocité. Ce fut plus d'une heure après que l'on vit Simon revenir au village, tenant trois louveteaux dans sa roulière et la tête sanglante de leur mère sur son épaule, au bout de l'arme qui l'avait fracassée. La première maison du village était une ferme ; il s'y arrêta, ne se sentant pas la force de pousser plus loin.

Quand Simon se fut fait reconnaître, tout le monde l'entoura en lui prodiguant des soins, car d'abord on s'était reculé à son approche tant il était effroyable et défiguré. Ses habits étaient en lambeaux et tout souillés ; de profondes morsures lui sillonnaient les membres et le sang en coulait au point qu'il en était littéralement inondé.

— Ce ne sera rien que cela ! disait le braconnier à ceux qui bandaient ses blessures ; avec un peu de charpie et du repos, rien du tout.... Bast ! nous en verrons bien d'autres !... Gredine de bête, comme elle s'est défendue.... Quels jarrets ! et quelle mâchoire donc.... il fallait voir ! quand je l'ai étranglée, son souffle me brûlait.

—Ayez bien soin des petits, ajoutait-il encore. S'ils s'échappaient, il faudrait recommencer avec eux quelque jour, et ce n'est pas facile, je vous en réponds.... Diable d'eau salée, comme ça pique, disait-il à ceux qui lavaient ses plaies. Encore un peu, ici, tenez ; vraiment j'ai les jambes comme un crible ; c'est avec ses griffes qu'elle me labourait comme cela. Mais son affaire est faite.... Dieu merci ; elle n'en mordra pas d'autres....

En ce moment, une jeune fille interrompit le braconnier en lui touchant légèrement l'épaule:

— Parlez moins, Monsieur, lui dit-elle, vous êtes si faible, cela pourrait vous faire du mal. Puis elle lui présenta un gobelet d'argent en lui offrant à boire : — Tenez, c'est du vin pur que ma mère vous prie d'accepter, cela vous remettra.

Le braconnier souleva la tête et il tressaillit en voyant cette fraîche et candide personne ; puis, balbutiant un merci, il but tout d'un trait ce vin qu'elle venait de lui offrir, après quoi il lui remit le gobelet, mais sans dire une parole et sans oser lever les yeux.

Voilà comme s'était faite la connaissance du père et de la mère de Marianne.

Simon doué d'un tempérament très-sain et d'une constitution vigoureuse guérit facilement de ses blessures et il reprit bientôt son travail accoutumé. Chaque soir, il avait soin de passer devant la porte de la ferme, et de donner un salut à la demoiselle de la maison quand elle se trouvait là, et le hasard voulait qu'elle s'y trouvât presque tous les jours. Peu à peu il essaya de vaincre sa timidité naturelle et il s'enhardit jusqu'à oser dire à la jeune fermière quelques paroles affectueuses, en place de ces lieux communs dont se sert la politesse banale du vulgaire. Elle les accueillit bien et y répondit avec bonté. Ceci dura pendant plus d'un mois. Le jour où l'on devait commencer la moisson arrivait. Simon quitta le travail des bois pour prendre celui de moissonneur, afin de se rapprocher encore de celle qu'il aimait presque sans espoir, et que pourtant il voulait aimer toute sa vie. Aux heures du repos il s'asseyait à côté d'elle comme les autres travailleurs, et il voyait avec bonheur que dans la conversation elle avait toujours pour lui une espèce de déférence. Leur intimité devint plus douce, plus sacrée; ils se sentirent invinciblement liés l'un à l'autre, et dès-lors ils se livrèrent aux épanchements mutuels, aux confidences intimes, à ces rêves de l'espérance dont l'ivresse est quelquefois si passagère, mais dont les enchantements sont toujours si doux.

Simon était naturellement laborieux, mais le sentiment dont son cœur était plein le rendait infatigable et doublait sa force. Il travaillait tant qu'à la fin le maître daigna le féliciter. En lui frappant familièrement sur l'épaule, il l'offrit pour modèle à ses compagnons et il lui promit une récompense magnifique, — comme une augmentation de dix centimes sur chacune de ses journées — Simon remercia humblement le fermier de ses témoignages de gratitude, et le regardant en face, sans pourtant pouvoir s'empêcher de trembler un peu, il lui parla des sentiments qu'il nourrissait pour sa fille ; de leurs désirs mutuels de s'unir, s'ils ne rencontraient pas d'empêchements.

Le fermier était un homme hautain, à l'esprit borné, au cœur sec et froid ; un homme du temps présent et *des affaires avant tout,* qui ne voyait rien au-delà du petit cercle où se renfermaient ses spéculations mercantiles. Il n'avait qu'un mobile, l'intérêt ; qu'une passion, la vanité. Véritable type du bourgeois sceptique et égoïste de nos jours, il ne comprenait rien aux doux sentiments de la nature, aux délicatesses d'âme qui rendent souvent supérieurs à leur condition les malheureux qui en sont doués. Cet homme n'avait que de la pitié pour ceux qui ne pensaient pas comme lui, et que du mépris pour ceux qui n'avaient pas d'argent. Quand il avait conclu un marché avantageux en dupant quelque citadin novice ou quelque paysan moins rusé que lui, il rentrait à sa maison en rayonnant comme un soleil, et aussi fier que s'il eût accompli une action héroïque. A son dîner il buvait une bouteille de plus, et en se levant de table, il se frappait à deux mains sur le ventre en disant : j'ai bien vécu!....

Les premières paroles que Simon lui adressa lui causèrent une suprise qui tenait de la stupéfaction. Ce fut au point qu'il ne savait que lui répondre, ne pouvant se figurer comment un tel *rustre* pouvait arriver à cet excès d'outrecuidance. Enfin, il se croisa les bras, enfla le plus qu'il put sa voix glapissante et se haussant sur la pointe des pieds il demanda au pauvre amoureux s'il savait bien ce qu'il venait de lui dire.

Simon répondit qu'il y avait long-temps réfléchi, et il ajouta, respectueusement, qu'il ne voyait rien d'inouï dans la demande qu'il venait faire.

— Mais, vous êtes donc bien riche ! ajouta le fermier arrivé au paroxisme de l'étonnement.

— Simon répondit qu'il saurait suffire aux besoins de son ménage, et que, Dieu aidant, il espérait faire honneur à sa famille ; que l'on n'est jamais pauvre quand on n'a besoin de rien, et que celui qui a du pain et la santé, quand il s'en contente, est plus riche que le millionnaire dont les prétentions dépassent la fortune.

— Fort bien, fort bien, reprit le fermier, moitié goguenard, moitié amer ; je vous comprends maintenant, et je suis sûr que vous épouseriez ma fille, quand même elle n'aurait ni bien ni dot, car pour en faire votre femme il vous suffit qu'elle vous plaise....

— J'ai demandé un peu de bonheur à votre enfant, Monsieur, dit Simon en rougissant, mais toujours digne et calme ; je ne lui ai jamais parlé de votre argent.

— Fort bien, fort bien, dit le fermier encore plus ironique, mais ma fille ne voit pas les choses tout-à-fait comme vous, il me semble ! Peut-être serait-il bon de la consulter à cet égard....

— Je crois avoir compris dans nos entretiens, dit Simon, que sur ce point nos idées sont à peu près les mêmes; et, qu'en outre, elle accepterait avec joie ma pauvreté volontaire plutôt qu'une position brillante, qui l'élèverait sans l'ennoblir, et qui la forcerait quelquefois de pleurer en pensant aux misères de son prochain.

Le fermier restait confondu, sinon de la sagesse, du moins de ce désintéressement d'un jeune homme auquel, tout d'abord, il supposait d'odieux calculs de convoitise. — Ce drôle me trompe, pensa-t-il, ou il faut qu'il soit archi-fou. Puis il ajouta tout haut : — Mon garçon, je vous préviens que vous ne deviendrez jamais mon gendre, car vous ne serez toujours qu'un gueux.

Ce jour se passa comme les autres pour Simon. Dès le soir venu, le fermier fit part de la conversation, qu'il avait eue avec lui, à sa femme et à sa demoiselle. Madame la fermière poussa un soupir et ne répondit mot. Quant à la jeune personne, elle fut tout-à-fait de l'avis de Simon et en toutes choses. — Pour lors, lui dit son père, exaspéré du ton ferme avec lequel elle lui avait répondu, pour lors, vous serez bien ensemble!

mariez-vous donc et allez manger des racines....
Deux mois plus tard, et après bien des combats,
Simon devint l'heureux époux de la jeune fermière, à la grande satisfaction des habitants du village qui les aimaient tous les deux, et au grand ébahissement de M. le maire de la commune qui, tout en la ratifiant, ne put jamais approuver *cette mésalliance insigne.*

Les premiers temps du mariage de Simon furent très-beaux et très-heureux. Avant la fin de la première année, sa compagne mit au monde une fille, que l'on appella Marianne, du nom de son aïeule maternelle qui fut aussi sa marraine. Elle seule, la brave personne, elle seule de toute sa famille voulait bien se souvenir de son origine et ne craignait pas de la rappeler tout haut, même devant les témoins envieux de sa prospérité.

Depuis que Simon était père, il travaillait encore plus que de coutume. Nulle sollicitation ne pouvait lui faire franchir la porte d'un cabaret. Il revenait chaque soir à sa chaumière, léger comme une hirondelle qui retourne à son nid, et, quand il avait tendu la main à sa chère compagne, donné dix gros baisers à sa belle petite enfant, il n'y avait pas de puissant sur son trône qui pût se vanter d'être aussi heureux que lui. Il ne savait pas s'il était pauvre, il ne ressentait aucune fatigue; son cœur débordait d'amour, de tendresse et de félicité....

Mais les flots de la mer sont moins changeants que la destinée des mortels! Le bonheur de Simon passa vite! aussi vite qu'un beau songe. Sa femme mourut des suites d'une chute qu'elle fit en hiver sur le chemin verglassé du lavoir où elle avait besoin d'aller tous les jours. Cette chute l'empêcha de mettre au monde le second enfant qu'elle portait, et Marianne n'avait pas encore cinq ans que déjà elle était orpheline. Le chagrin de la petite fille, quoique vif, ne fut pas de longue durée; à l'âge qu'elle avait, toutes les affections sont passagères ; on ne comprend pas encore ce que l'on perd en perdant sa mère! quant au pauvre Simon, son chagrin, à lui, fut profond, amer, inépuisable, immense comme avait été son amour. Nulles consolations ne pouvaient le distraire de sa tristesse : il fuyait même ses proches pour éviter l'audition de leur condoléance. Depuis cette époque il resta toujours silencieux et sombre. On ne le vit jamais pleurer, mais il n'en était que plus à plaindre, pour qui savait les secrets de son cœur : les femmes épanchent leurs larmes, les hommes les dévorent.

Cet isolement où Simon se retrouva, et où il ne pouvait plus vivre, fit qu'il retourna au braconnage, que depuis son mariage il avait tout-à-fait abandonné. Cela lui fit des ennemis parmi les propriétaires de l'endroit, que les calomnies incessantes du garde-chasse avaient déjà indisposés à son égard, en lui attribuant tous les mauvais tours et tous les genres de déprédations dont ils avaient à se plaindre. Peu à peu on lui refusa de l'ouvrage ; on s'éloigna de lui comme d'un homme dangereux : ce furent même les parens de sa femme qui, les premiers, en donnèrent l'exemple. La mort était entrée dans sa maison ;

la détresse y vint après elle et n'en sortit plus.

Marianne grandissait au milieu de cette détresse. Il fallut lui faire apprendre un métier. C'est un grand sacrifice pour les pauvres ; l'apprentissage demande toujours des années ! Simon vendit lambeau par lambeau, le peu qu'il avait acquis de terrain, et jusqu'au petit jardin qui attenait à sa chaumière, pour subvenir aux frais de l'apprentissage. Il en fut bien récompensé plus tard. Quand Marianne fut ouvrière, elle lui donna du pain à son tour, et elle fit toute seule, face à toutes leurs nécessités.

Les produits du braconnage auraient bien pu les aider aussi, mais il fallait aller très-loin pour les vendre, et, en outre, s'exposer à être mis en prison. Simon renonça à en tirer parti et il en fit profiter quelques affamés, comme il avait fait dans le passé, quand il ne manquait de rien.

Il y avait dans leur voisinage, un cultivateur aisé dont le fils, nommé Charles, s'était attaché à Marianne dès l'enfance quoiqu'il fut un peu plus âgé qu'elle. Simon l'aimait comme s'il eût été son propre enfant. De son côté, Marianne aimait aussi ce jeune homme comme un frère. Il y avait bien au pays d'autres beaux garçons qui cherchaient à lui plaire, mais elle ne voyait que celui-là au monde, et elle eût tout sacrifié pour lui sans s'être jamais demandé quels étaient les motifs de cette préférence. Marianne avait les charmes et les qualités de sa mère : un cœur d'or, une âme ardente, une justesse de jugement admirable, une sensibilité exquise. Charles était chaste et bon. Son caractère était un mélange de fierté et de douceur infinie. Il était très-grave pour son âge, peu liant, peu causeur, et, malgré cela, si généreux, si affable, que tout le monde voulait l'aimer et s'en faire aimer. Il semblait qu'on retrouvât en lui un homme des anciens jours avec sa grandeur naïve et ses vertus primitives. Il était assez instruit pour faire honte à bien des jeunes gens qui sortent du collége, mais sa modestie était égale à son savoir. Ce qu'il cherchait dans les livres, ce n'était pas le moyen de dominer les hommes, mais celui de leur être utile, de les rendre heureux et de leur servir d'exemple. Il était révolté des iniquités de ce monde, et il eût donné mille fois sa vie pour en faire disparaître les monstrueuses inégalités; tout ce qui souffrait éveillait sa sympathie, tout ce qui était faible pouvait compter sur sa protection. Il associait Marianne à tous ses projets d'avenir, à toutes ses espérances de réformes sociales, à tous ses rêves de félicité. Toutes les aspirations de l'intelligence, tous les désirs de la sagesse, tous les élans de la charité se réunissaient en se confondant dans ces deux âmes enthousiastes et pures. Dans la vie usuelle, c'était entr'eux la même union et le même accord. Ils se partageaient la peine et les plaisirs, les fatigues et le repos, la bonne et la mauvaise fortune. Marianne ne savait pas que son ami était plus riche qu'elle, elle savait seulement que Charles était bon, intelligent, généreux et doux; que tout le monde l'aimait, et qu'elle l'aimait à elle seule plus que tout le monde. A chaque fête nouvelle, Charles lui apportait quelque cadeau de la ville. Elle s'en parait pour lui plaire, et tout son bonheur était de le voir heureux. De son côté, Charles trouvait sa félicité dans les charmes qu'il ajoutait à la beauté de son amie, dans leur mutuelle tendresse et dans l'intimité de leurs secrets épanchements.

— Que te donnerais-je pour tant de belles choses? lui disait souvent sa compagne bien-aimée.

— Ton cœur, lui répondait-il, rien que ton cœur, ma Marianne chérie; il contient tout ce que je désire, et tout ce qu'il y a de bon sous les cieux.

Charles arriva à ses vingt ans, Marianne en avait seize. C'était une époque critique pour tous deux, l'époque de la conscription : son jour arriva. En partant, Charles dit à Marianne :

— Voici le jour qui doit décider de mon sort. Si j'ai du bonheur, je t'apporterai une robe blanche et une couronne de mariée..... Si la chance m'est contraire, ce sera pour plus tard!...

Marianne passa cette journée dans des angoisses inexprimables.

Quand Charles revint, le soir, il avait un ruban noir à sa coiffure. Marianne s'était avancée jusqu'à la porte de sa chaumière en entendant les chansons des compagnons de son fiancé, mais elle n'eut pas la force d'en franchir le seuil pour aller au-devant de lui : le signal de deuil qu'il portait et qu'elle avait aperçu, l'avait glacée.

— Embrasse-moi, Marianne, lui dit-il, avec l'accent d'une émotion profonde ; embrasse-moi donc, tu vois bien que je suis soldat !... Ne pleure pas, va ! Je t'ai de même apporté une belle robe blanche, et la couronne que je t'avais promise... ce sera pour mon retour. Quand je serai loin d'ici, tu t'en pareras pour m'écrire ; et quand je lirai tes lettres d'amie et de sœur, je te verrai belle et souriante, comme tu seras le jour où nous nous marierons.

Disant ces mots, Charles déposait un baiser de frère sur le front brûlant de la jeune fille.

Marianne n'entendait rien, elle pleurait toujours. En vain le père de Charles essayait de la calmer en lui disant que son fiancé ne partirait pas, qu'on le ferait réformer, que rien ne coûterait pour lui procurer un remplaçant si cela devenait nécessaire; rien ne pouvait la consoler....

Il est vrai qu'un remplaçant pouvait tout arranger, mais Charles avait trop de cœur pour jamais souscrire à cette dernière ressource des lâches. De part et d'autre, la conclusion d'un marché pareil lui paraissait une véritable infamie. Quelle estime de soi-même peut-il rester à un homme qui se vend? Quels sentiments peut garder à son égard celui qui l'achète? D'ailleurs Charles avait médité sur ses devoirs, il aimait la France, lui, ce villageois obscur, tandis que tant d'autres qu'elle enrichit, à qui elle donne les honneurs, la puissance et la gloire, l'oublient au moment du danger, l'abandonnent ou la trahisssent.

Charles partit au bout de trois mois pour les frontières d'Espagne.

Il y avait alors, en France, de sérieux bruits de guerre avec cette puissance. Bientôt le duc d'Angoulême fut mis à la tête d'une armée dont il était loin d'avoir la sympathie, et Charles écrivit à son père qu'il entrait en campagne.

« — Vous avez chassé les Prussiens à Fleu-
» rus, disait-il, mais nous, notre tâche est moins
» belle. Je crois, et c'est aussi le sentiment de
» mes compagnons, que l'on nous envoie dans
» ce beau pays pour y étouffer dans leur germe,
» les premiers efforts de la liberté naissante. Je
» vois bien que c'est au peuple que nous avons
» affaire, et, quand les rois s'attaquent à un
» peuple c'est toujours pour lui faire une guerre
» inique : je ne me battrai pas de bon
» cœur, etc. »

Ensuite, Charles s'adressait à Marianne :

« Tu prieras Dieu pour moi, mon amie, afin
» qu'il me protége dans les dangers que je vais
» courir. Les Espagnols sont braves, Napoléon
» n'a pu les vaincre et ce sont eux que nous de-
» vons combattre. Ne t'alarme pas sans raison,

» supporte l'absence avec courage comme j'es-
» père la supporter moi-même. Je reviendrai
» digne de toi, digne de te rendre fière, et heu-
» reux d'ajouter au bonheur que je te destine,
» le peu de gloire que je dois acquérir. »

On fut six grands mois sans plus recevoir de nouvelles du pauvre soldat. Au bout de ce temps, une lettre du ministre de la guerre arriva chez le maire de la commune; elle annonçait la mort de Charles! Il avait été tué sur la brèche où il était monté parmi les premiers, au siége de Tarifa.

Le même jour, Marianne, en allant porter la nourriture à deux colombes qui lui venaient de son ami, en trouva une morte dans leur cage. Son cœur se serra. Elle versa quelques larmes et ne put réprimer en elle le pressentiment d'un malheur. Après que ses larmes furent essuyées, elle courut spontanément à sa couronne de roses blanches pour lui demander un peu d'espoir. L'humidité l'avait flétrie; les feuilles s'en déta-chaient une à une et tombaient à ses pieds comme celles des arbres tombent sur la terre au premier souffle des hivers. Marianne fit un soupir d'angoisse et murmura un seul mot : Déjà!... Elle contemplait encore les débris de sa couronne, quand on vint lui apprendre la nouvelle fatale. C'était dans un moment où, pour les femmes, toutes les émotions sont dangereuses. Le sang lui monta à la tête; elle eut pendant quelques jours une fièvre très-violente et un délire continuel. Enfin le calme et la raison se refirent jour peu à peu dans son cerveau endolori. Quand elle put reconnaître les personnes qui lui donnaient des soins, elle s'aperçut que son père était absent de la maison. Elle n'en dit rien d'abord et attendit. Personne n'en parlait auprès d'elle, et comme il manquait toujours, elle le demanda avec inquiétude. On lui répondit qu'il viendrait bientôt. Le lendemain, Simon ne parut pas encore. Marianne le redemanda de nouveau avec cette insistance fébrile qui donne tant d'énergie à la volonté des malades. On semblait avoir peur de lui répondre; on éludait toutes ses questions. Pendant quelques instants elle se trouva seule et elle eut le courage de se vêtir à la hâte pour aller elle-même à la recherche de l'auteur de ses jours. Ses dents claquaient ; la fièvre, en la dévorant, loin de l'affaiblir, lui donnait en ce moment une force surhumaine.

A peine venait-elle de franchir le seuil de sa demeure, qu'elle vit passer un homme portant son bras en écharpe. Cet homme ne lui était pas inconnu.

— Monsieur, lui cria-t-elle, Monsieur, vous devez être de notre pays? Apprenez-moi, de grâce ce qu'est devenu Simon le bûcheron ; je suis sa fille.... On ne veut pas me dire où il est....

Celui à qui Marianne s'adressait alors était le garde-chasse. Il lança sur elle un regard de bête fauve, en souriant d'une façon horrible et il lui répondit durement :

— Ton père ? la fille ! il est en prison, ton père ! tu ne le reverras plus.... Il a voulu me tuer, le gredin, mais il ira aux galères!...

A ces paroles, Marianne fut saisie d'un tremblement convulsif; ses yeux se dilatèrent d'une manière effrayante, son visage devint livide, ses membres se tordaient, elle se mordit la lèvre, poussa un cri d'angoisse, et tomba à la renverse au moment où le garde-chasse s'éloignait. Le bruit de sa chute fit retourner cet homme cruel. Il regarda froidement la pauvre fille et continua de s'éloigner..... Quelques pas plus loin, au détour d'une haie, il rencontra des villageoises qui revenaient du marché : — Allez donc voir, leur dit-il, ce qu'a la fille du braconnier; elle est tombée dans le chemin et elle se débat comme une possédée.

Ces bonnes femmes se hâtèrent et trouvèrent Marianne sans connaissance. Elle resta deux heures dans cet état, malgré les mille et mille soins qui lui furent prodigués. La chaumière de Simon s'était de nouveau remplie de gens qui contemplaient Marianne en pleurant. Un médecin interrogeait les mouvements de son pouls dans une morne attitude; on croyait qu'elle allait mourir.

Tout-à-coup voilà qu'elle se lève, jette un cri perçant, tourne autour d'elle des yeux hagards et pleins d'anxiété, s'élance echevelée et pieds nus vers la plaine et disparaît avant que les témoins de cette scène, muets et consternés, fussent revenus de leur premiers mouvements de stupeur. Deux jeunes-gens s'élancent pour la suivre :

—Laissez, leur dit le docteur en les retenant, il ne lui arrivera rien; il faut qu'elle soit libre : la malheureuse a perdu la raison.....

Marianne ne revint que le soir. Quand elle rentra chez elle, on la vit ranger son ménage avec les mêmes soins minutieux que si elle eût été en parfaite santé. Le feu s'était éteint dans l'âtre, elle le ralluma et passa toute la nuit auprès sans donner aucun signe de fatigue. Le lendemain, la plus proche de ses voisines se hasarda d'entrer chez elle, pour lui demander si elle pouvait lui être utile à quelque chose. Marianne parut comme étonnée de cette question, puis elle se mit à sourire, mais son visage était si triste que cela fit pleurer la visiteuse.

— Vous avez du chagrin? lui dit Marianne, en s'appuyant familièrement sur son épaule, vous êtes malheureuse? Est-ce que vos enfants sont morts?

— Tu sais bien que je n'ai pas d'enfants, dit la bonne femme encore plus attendrie.

— Ce sont peut-être vos colombes? Charles vous en donnera d'autres.... j'en ai, moi, des colombes.... Les oiseaux l'aiment bien mon Charles! il est si bon, il leur parle si *doux* que leurs petits viennent en jouant se cacher dans sa main.... quoi! vous pleurez encore? Eh bien! j'ai une belle couronne de roses blanches, là.... là...., au soleil ; dans l'armoire ; je vous la donnerai pour votre fille... pour votre fille.... vous savez bien, votre fille va se marier avec un soldat.... bientôt.... bientôt....

Ici, Marianne cessa de parler, elle fit le même cri qu'elle avait fait la veille et se remit à courir à travers les champs : depuis, ce mal ne l'a pas quittée !

On s'y était habitué au village et, comme je l'ai dit, chacun était pour la pauvre folle plein d'intérêt, de bienveillance et de compassion. Etant assistée de tout le monde, il se trouvait qu'elle n'était à charge à personne en particulier. On se servait même d'elle au besoin dans des occasions délicates. Les meilleures mères lui confiaient leurs enfants sans crainte tandis qu'elles vaquaient aux lointains travaux de la terre, — travaux si pénibles et si rudes, auxquels les femmes de nos campagnes sont assujéties comme les hommes, et dont la civilisation si avancée de la France n'est pas encore parvenue à nous faire rougir. — Marianne jouissait donc de la seule tranquillité et du seul bonheur que pouvait comporter son état de souffrance habituel. Mais la révolution de 1830 arriva et vint donner une impulsion nouvelle à la charité de notre époque et aux progrès sociaux de la France. La philantropie qui fait tant de bien aux pauvres, et à qui nous devons tant de belles choses que l'on ne peut déjà plus les compter, la philantropie dis-je, — fit dès-lors des progrès étonnants, — j'allais dire effrayants.

Après une multitude de créations morales et sociales et royales; de sociétés de secours, de patronage; d'établissements fraternels, etc., etc., elle voulait aussi étendre *ses nombreux bienfaits* jusque dans nos humbles villages. Elle s'enquit de Marianne par l'organe d'un de ses représentants officiels qui nous jura que l'on parviendrait à la guérir. A cet effet, il commença à la faire enfermer dans une maison d'aliénés où elle mourut après un séjour de deux mois. Il ne lui restait que la liberté; ce dernier bien perdu, sa pauvre âme est allée retrouver dans un monde meilleur ceux qu'elle avait tant aimés, et qui l'appelaient toujours.

Simon qui avait été surpris par le garde-chasse et que ce dernier avait indignement outragé, eut le malheur de le blesser dans une rixe qu'il avait tout fait pour éviter. Il subit une peine correctionnelle applicable au délit dont il était accusé, après quoi il revint au pays pour vendre sa chaumière, et l'on n'entendit plus jamais parler de lui. La famille de sa femme qui l'avait abandonné, lui et son enfant, fut à quelque temps delà ruinée par un de ces nombreux incendies qui, à cette époque, faisaient la terreur et la désolation des campagnes.

Depuis ce temps, bien des bruits ont couru sur Simon, dans le village. Les uns prétendent qu'il s'est retiré dans les pays étrangers, et qu'il y vit comme un sauvage au fond des bois ; les autres assurent que le chagrin et la misère l'ont tué et qu'on l'a ramassé expirant à la porte de l'hôpital où les médecins ont fait mourir sa fille. Mais l'opinion la plus accréditée et la plus raisonnable est qu'il est passé en Afrique où, malgré son âge, il lui fut accordé de servir sous les drapeaux de la France; il paraîtrait qu'il changea de nom en même temps que de condition et que Simon le braconnier n'est autre aujourd'hui que *le fameux tueur de lions.*

1848.

LA ROSE BLANCHE.

LA ROSE BLANCHE.

A MADEMOISELLE MAGU.

> Elle ! son ombre en deuil me poursuit et m'enivre ;
> Autour de moi, partout, plane son souvenir.
> Jeune fille, avec toi que j'aurais voulu vivre !
> Jeune fille, avec toi j'aurais voulu mourir !...
> DELATOUR.

I.

.... Le maître de la fabrique où je fus mis en apprentissage, — dit le conteur, — avait deux filles, toutes deux jeunes et également belles, mais elles ne se ressemblaient que par certains airs de famille que la nature imprime à tous les enfants d'une même mère, quelles que soient, d'ailleurs, les tendances de leur caractère ou les diversités de leurs inclinations. L'aînée de ces deux jeunes personnes était froide, maniérée et vaine, — semblable à ces fleurs éclatantes qui parfois éblouissent les regards, mais en qui l'on ne peut découvrir ni propriétés ni parfums ; — sa sœur, avec une pureté de traits irréprochables, était grande d'intelligence et humble de cœur, comme les sages d'autrefois et les martyrs d'aujourd'hui. Nous n'avons pas à nous occuper de la première ; quelles que fussent ses disgraces intellectuelles, sa beauté matérielle trouva des admirateurs, et elle fit son chemin dans ce que l'on appelle *le monde*, — lieu où, dit-on, l'argent remplace les meilleures qualités. L'autre est morte ! morte dès son entrée dans la vie, après avoir, comme la plupart d'entre nous, bien travaillé, bien pleuré et bien souffert. Que lui importaient les richesses de sa famille ? son âme aspirait après des trésors plus réels et plus purs qui, seuls, lui semblaient dignes de désirs légitimes ; que l'on obtient sans faire couler les larmes de l'infortune, et sans s'abreuver de la sueur des malheureux.

On l'appelait Angélique. C'est un nom bien doux, n'est-ce pas? et qui semble plutôt appartenir au langage du ciel qu'à celui de la terre. Qu'elle était belle! mais elle a passé! Pour moi, elle reste mystérieuse, inconnue comme ces douces visions de nos songes qui nous enchantent avant le réveil, mais que le jour fait évanouir comme l'ombre, et que l'on rappelle en vain quand elles sont disparues. Il me semble la voir encore: frêle comme un roseau, douce comme une colombe, le sourire de la mélancolie sur les lèvres, et, sur son front pur et candide le voile d'une préoccupation profonde dont rien ne pouvait la détacher. Je ne sais quels liens sympathiques m'unissaient à cette créature si généreuse, si élevée et si tendre, mais toujours est-il que le temps n'en a rompu aucun fil, et que sa mémoire, pour mon cœur, plane toujours vive au-dessus de ces deux gouffres qu'il a creusés entre nous : l'abandon et la mort.

J'étais encore enfant, mais elle ne l'était déjà

plus, et pourtant, dans des moments subits d'exaltation, poussée par un irrésistible besoin d'épanchement, souvent, elle m'a ouvert son âme comme à une âme amie capable de l'écouter et de la comprendre : car, disait-elle, « si je laisse la fleur à sa tige, toi, tu laisses l'oiseau à sa mère. » Puis elle m'embrassait, et son haleine était brûlante, mais ses lèvres étaient froides.... à seize ans ! Le mal qui la tuait révélait ainsi ses ravages ; il l'avait glacée avant de la flétrir.

On l'avait amenée à mon village par une belle matinée de printemps. Un de ces oracles de la science devant qui tout s'incline, avait prononcé devant sa mère des paroles qui semblent promettre la vie et qui pourtant sont toujours des présages d'agonie : *L'air de la campagne ; la tranquillité ; du laitage*. Pauvre amie !...

Notre intimité s'établit dès les premiers jours où elle vint parmi nous, et elle dura jusqu'à la fin de sa vie. Au sortir de l'école, j'allais souvent jouer dans les eaux vives d'une petite fontaine, non loin de notre habitation ; nous nous rencontrions toujours là. Ce lieu lui plaisait par une certaine tristesse qu'y répandait l'ombre d'une douzaine de vieux saules : elle y trouvait un charme austère, en harmonie avec ses jours de deuil et de douleurs. Nous y restions tant qu'on voulait nous y laisser seuls, mais dès que venait quelqu'un du village, redoutant les questions vides et importunes, elle me faisait un signal convenu, nous nous retirions à leur approche comme deux chevreaux craintifs et nous ne nous arrêtions qu'au milieu des bois sombres.

Tranquille alors, elle disait : « On est bien ici ! asseyons-nous. » Puis, peu à peu, et comme sollicitée par une impulsion céleste, elle se laissait aller à une rêverie immense comme sa pensée, pure comme ses aspirations, harmonieuse comme son âme, pleine des visions de la poésie, car elle en eût pu peupler l'univers. Moi, je la regardais, ravi, et ma naïve sollicitude craignait de la voir s'envoler comme un ange. Alors, j'appuyais ma tête sur ses genoux, et je m'y endormais confiant et heureux comme sur ceux de ma mère.

Une fois, au réveil, il me sembla voir luire une auréole sur sont front pâle. Son regard était fixe, sa poitrine haletante ; l'audition de certains sons la faisait tressaillir, et des larmes roulaient sous ses paupières immobiles. Elle me fit signe d'écouter :

— Entends-tu ces chants dans l'espace ? ce sont les voix du monde invisible. Comme toutes ces notes sont saisissantes ! voilà la mélodie de l'âme ; elle doit venir du ciel. Quelle pureté, quelle magnificence, quelle grandeur sublime, entends-tu ?

— J'entends le vent de l'orage qui siffle sur la feuille des grands chênes, et l'eau de la ravine qui coule sur les pierres moussues parmi les bouleaux et les ronces.

— C'est vrai !... Tu me crois folle, n'est-ce pas ?

— Au contraire, mademoiselle, je vous trouve bienheureuse puisque vous entendez quelque chose de si beau, et que, moi, je ne puis pas l'entendre.

Lors, me touchant la joue de sa main douce et blanche :

— Ne l'entends jamais !

Au retour d'une de nos courses tant aimées, nous passions près d'un buisson touffu, plein d'épines odorantes, de voix d'insectes étourdissants, de fruits sauvages et de fleurs toutes fraîches épanouies. Au milieu d'elles s'élevait, majestueuse comme leur reine, une rose blanche dans toute sa beauté. Fille de l'aurore, elle était encore humide des larmes de sa mère, et pourtant sa tige inclinait vers la terre ; le vent détachait les plus beaux de ses pétales que les passants foulaient aux pieds.

« — Déjà ! dit ma compagne : ainsi tombent nos précoces espérances, sous les premiers souffles de l'adversité ! » Puis elle s'arrêta pour contempler la rose en laissant échapper un soupir de son cœur. Je crus qu'elle la désirait.

— Voulez-vous cette fleur ? lui dis-je en

mesurant la distance, et déjà je m'élançais pour la lui cueillir.

— Non, fit-elle, en me retenant doucement auprès d'elle ; à quoi bon.... ne vaut-il pas mieux la laisser aux caresses du zéphire, et la retrouver demain aussi belle que nous la voyons aujourd'hui. »

— Les fleurs passent vite, lui dis-je : les roses ne sont belles qu'un jour.

— Je le sais ! tout ce qui brille doit s'éteindre tout ce qui existe doit mourir. »

La vue de cette fleur avait rappelé mon amie au sentiment de son existence précaire, et c'est alors qu'elle avait soupiré : mais, moi, je n'avais pas compris ! quoique les accents de sa voix pussent m'apprendre, son silence était plus éloquent pour moi ; je l'eusse sans doute mieux interprété : il y a des choses que l'on entend mieux quand ce n'est pas la bouche qui les exprime. La jeune mère qui veille près du berceau d'un nouveau-né devine tous ses besoins en écoutant le faible bruit de son petit souffle.

Une fois, nous parcourions nos bois, vers la tombée du jour. Elle entra dans une clairière où se jouaient encore les derniers rayons du soleil. Une brise mourante agitait doucement les feuilles des jeunes trembles, l'air était tiède, les parfums s'élevaient de la terre, le grillon se traînait dans l'herbe, mais ne jetait encore aucun cri. Nous nous assîmes sur des bruyères odorantes, et ma compagne tira d'une petite corbeille qu'elle emportait toujours, un papier écrit qu'elle me lut tout haut. Je ne comprenais que vaguement mais elle y mit un tel accent que cela me fit pleurer.

— Pourquoi pleurer? (et elle pleurait aussi,) cela te semble donc bien beau pour ainsi t'émouvoir.

— Oh, oui! plus que je ne sais vous le dire.

— Eh bien, celui qui pensa tant de belles choses finira misérable, car il est né pauvre, et, quiconque est pauvre, et se sent tourmenter par cette voix intérieure, absolue et toute puissante que l'on nomme le génie, doit, tôt ou tard, servir de pâture à la gloire. Ce n'est qu'après avoir dévoré une existence féconde et généreuse qu'elle fait croître sa palme d'or, sur une cendre inutile, naguère puissance au monde.... »

Parlant ainsi elle prophétisait. Un nom fatal était tracé au bas de ces pages d'une éloquence parfois énergique et toujours sublime, mais méconnue alors, c'était : *Hégésippe Moreau*. Après l'une de ces lectures, qui de jour en jour devenaient plus attachantes pour moi, il nous arriva de rester dehors jusqu'à l'heure du crépuscule. Les étoiles se levaient brillantes et innombrables sous la voute immense des cieux, elle me dit :

— « Regarde, que de belles clartés. De vieux sages ont prétendu que ces flammes si pures étaient les âmes de ceux qui ont souffert en ce monde. Si la bouche des sages n'est pas sujette à l'erreur, demain tu pourras voir luire une étoile de plus. »

Ces mots qu'elle prononça d'une voix toujours mélodieuse, et qui tout-à-coup était devenue presque solennelle, m'émurent douloureusement.

Toutefois, j'étais loin de leur attribuer le sens qu'elle y attachait. Nous rentrâmes. Elle ne me dit pas « au revoir » comme de coutume, mais « adieu. » Je ne compris pas encore ! Heureuse enfance, que de voiles mystérieux te protégent....

Le lendemain, dès l'aurore j'étais sous sa fenêtre :

— Venez-vous, mademoiselle, il fait du beau soleil.

Une main qui n'était pas la sienne, me fit signe et entr'ouvrit les rideaux lentement.... Alors, les paroles de la veille me revinrent et je frissonnai dans tout mon corps. Mais bientôt je l'entendis me répondre d'une voix affaiblie :

— « Enfant ! c'est pour toi que luit le beau soleil, mais pour ceux qui souffrent il n'y a plus de beaux jours !... »

Depuis cette époque, elle ne sortit qu'à de rares intervalles et toujours seule. Elle me souriait encore au réveil, mais c'était le sourire de cette joie « triste et mystérieuse que Dieu envoie à ses enfants désespérés. » Je la suivais de loin, attendant qu'elle me fît signe d'approcher pour entendre encore une de ses douces paroles. Hélas ! une préoccupation profonde avait absorbé tout son être; il semblait qu'elle ne me vît plus.... Peut-être voulait-elle me cacher sa souffrance !

L'été se passait, octobre arriva, et son dernier souffle s'exhala avec le dernier parfum de nos campagnes. Quand on vint me l'apprendre je pleurai peu; j'étais anéanti. Ma raison commençant à poindre venait de lever un coin du voile qui me cachait la vie; j'y découvrais des secrets dont j'ai depuis gardé l'amertume : la faiblesse humaine, l'existence éphémère, le sentiment pénible et continuel du néant de nos vanités, de nos joies et de nos douleurs.

II.

Il y avait près de cinq ans que ces choses étaient passées.

Par un beau dimanche du printemps, je voulus revoir la place du cimetière où l'on avait déposé ma première, ma seule amie.... La main du temps avait étendu son ombre, et la terre insensible s'était affaissée sur sa dépouille mortelle, et la croix avait penché son symbole comme pour la protéger. Dans le gazon qui frissonnait sous le vent matinal, je vis jouer des scarabées de moire, d'émeraude et de pourpre, — puis, une abeille s'enivrait de miel dans le calice d'une rose blanche qui semblait surgir de la tombe.... Cette fleur me fit ressouvenir de l'autre, de la rose blanche du buisson. Comme il n'est pas rare de retrouver toujour vivace et plus beau, ce que la nature cultive et donne à la terre pour l'embellir et la faire aimer, chemin faisant je me disais : je veux l'emporter, si elle n'est pas défleurie encore ; et dans ma pensée, je vouais déjà un culte à ses grâces virginales. J'arrivai.... tout avait disparu Un troupeau paissait là-même où nous l'avions laissée. Magie des souvenirs comme tu nous abuses ! Pourquoi ces appels si suaves ? pourquoi nous attirer ainsi vers de mornes solitudes où il ne te reste plus même une espérance à nous offrir ! Rien, plus rien ! qui donc a tari le ruisseau dont j'aimais tant le doux murmure ? où sont les pâquerettes blanches qui bordaient le petit sentier ! l'écho chantait ici ; la brise y soupirait comme les voix d'une harmonie lointaine, il n'y a que cinq ans : depuis cinq ans, je suis donc bien vieilli ! oui, j'avais vieilli et mon cœur était bouleversé : c'était son trouble qui empêchait que je retrouvasse mes belles visions.

Toutefois la rose blanche était disparue. Son absence des lieux où je pensais la retrouver, et sa présence là où je devais si peu l'attendre, frappa mon esprit d'une idée étrange. En ce moment je crus aux choses surnaturelles ; j'oubliai la science et la lumière des siècles, les fins de l'âme humaine et la venue du Christ en ce monde ; je ne vis que les mages du vieil Orient ; je fus un disciple de Pythagore.

Quand de telles erreurs me trompent je ne les rejette pas, j'aime qu'elles m'abusent, et je m'en berce long-temps, comme d'un beau rêve. C'est ainsi que ma vie d'ouvrier, si pénible, ne m'arrache pas une plainte. Que les heureux s'épuisent à poursuivre le bonheur dans leurs fêtes frivoles, moi, je le trouve dans les émotions de mon âme et dans la poésie de mes souvenirs. Ma félicité est calme et pure comme les objets qui la font naître ; et, pour la renouveler, je n'épuise pas les bras du malheureux, ni je ne fais couler les larmes de personne.

1842.

L'INCOMPRIS.

L'INCOMPRIS.

A MON AMI J. DUPONT, OUVRIER SERRURIER.

> Quiconque fera le mal sera l'esclave du mal.
> — *Evangile.* —

Par un beau dimanche du printemps, à l'heure où les fleurs nouvelles s'épanouissent sous les premiers feux du soleil, deux ouvriers, dans leur costume de fête, parcouraient lentement, un des charmants petits sentiers que l'on rencontre à chaque pas dans les bois aimés qui avoisinent la capitale. Ces deux hommes se connaissaient à peine et sortaient en compagnie pour la première fois, néanmoins, leur intimité semblait parfaite, et, qui les aurait vus, bras dessus, bras dessous, pleins de bienveillance l'un envers l'autre, échangeant leurs sympathies, se faisant part de leurs observations mutuelles, dans un langage intime, plein de douceur naïve et d'abandon fraternel, les eût pris sans aucun doute pour deux bons amis toujours enchantés de se revoir, toujours heureux de se retrouver ensemble.

L'amitié naissante, qui peut changer, possède dans son entraînement un charme qui la fait ressembler à sa sœur, la bonne vieille amitié qui ne change jamais.

— N'est-ce pas, André, disait celui qui semblait le moins sérieux de ces deux bons jeunes-gens, n'est-ce pas que l'on est heureux de pouvoir quitter un jour l'atelier par semaine, et de venir ainsi respirer l'air pur des bois sous ces feuillages pleins de fraîcheur et d'ombre.

— Oui, ami Joseph, répondit son camarade, oui, il y a des jours où tout nous sourit au cœur et où l'on se sent bienheureux de vivre.... mais ces jours-là n'ont pas de lendemain pour nous!

— Qu'importe. Le présent nous appartient, c'est à nous d'en profiter, comme des sages, sans nous occuper d'autre chose,

> La tombe est noire,
> Les ans sont courts!

vous savez? Et puis, un ignorant comme moi, a l'imagination si bornée! on est forcé de vivre terre à terre, on ne sait rien se créer au-delà du monde réel....

— Quand on peut sentir comme vous, dit André, on se passe aisément de facultés plus brillantes. L'instruction développe l'intelligence l'épure, la grandit, l'élève, mais elle ne donne rien à la tendresse du cœur. On peut être bien savant et bien froid, et bien impuissant à l'appréciation et à la jouissance de ces beautés de la nature qui ont pour nous tant de charmes, qui nous remplissent d'un sentiment si exquis, si délicat, si pur, si intime et si doux.

— Il est vrai, reprit Joseph, qu'il y a encore

beaucoup d'hommes moins bien partagés que moi; — même ailleurs que chez nous, je veux dire chez les ouvriers, dans le *beau monde;* Ces gens-là passent dans un bois embaumé comme dans une rue boueuse, sans se ressentir en rien de ce qui les entoure, sans regarder ce qu'ils foulent, sans répondre à ce qui appelle, sans interroger ce qui soupire. Et pourtant, ils ont été au collége; ils ont peut-être lu Jean-Jacques Rousseau et Bernardin de Saint-Pierre.

— C'est possible, dit André. Ces gens-là sont bien à plaindre.

— Ma foi oui, ils sont à plaindre, et ils ont beau nous qualifier de la classe inférieure, je ne changerais pas avec eux : il me semble qu'ils ne vivent qu'à moitié.... Mais, dites-moi donc, ami André, je ne vois toujours pas venir Charles.

— Je pensais aussi à lui, tout-à-l'heure. Mais il ne viendra pas. Bien qu'il nous ait donné sa parole de nous rejoindre, je ne l'attends déjà plus, car je le connais ! Il aura fait quelque rencontre à la barrière : les gens qui aiment la

bouteille se font des amis partout, des amis!...
vous savez?

— Oui, oui! quel homme que ce Charles! est-il possible qu'un être si intelligent, un poète, ma foi, on peut le dire, car il écrit de charmantes choses, fasse la plupart du temps sa compagnie de buveurs grossiers et stupides. Je ne m'explique pas cette distinction de l'esprit et cette bassesse des habitudes. Il y a pourtant du bon chez lui, beaucoup de bon.

Eh sans doute; mais il y a aussi beaucoup de la vanité, et voilà ce qui le perd. Il sait que ses chansons font plaisir à la foule, c'est pourquoi il se mêle toujours à elle, n'importe où il la trouve, pour se faire applaudir, louanger, caresser, comme si ces bravos de cabarets pouvaient toucher une âme vraiment délicate, comme si ces cerveaux avinés pouvaient exprimer autre chose que les immondes sensations de leur ivresse bachique. Et puis, ces cabarets de barrières, tels que nous les voyons aujourd'hui, qui donc, en se respectant un peu, voudrait seulement en franchir le seuil; qui donc voudrait chercher un moment d'honnête distraction au milieu de cette hideuse cohue?

— Oh! c'est bien vrai que les ouvriers ne devraient jamais mettre le pied dans des lieux pareils; et Charles s'avilit à mes yeux de jour en jour, depuis que je sais qu'il les fréquente, car il n'y a rien au-dessous, si ce ne sont ces maisons horribles dont on n'ose pas seulement dire le nom et que les gouvernements corrompus tolèrent, avec la secrète satisfaction de voir les enfants du peuple aller y perdre le peu qui nous reste de vigueur, d'intelligence et de vertu. Mais revenons à Charles. Il sait pourtant qu'on l'apprécie au milieu de nous et il me semble que notre jugement en vaut bien un autre et que cela devrait lui suffire.

— Cela lui suffirait si quelques personnes inconsidérées ne lui avaient pas donné des louanges outre mesure, au point de lui faire accroire qu'il était un *personnage* et que la société était une ingrate en ne rendant pas justice à son talent méconnu. Il croit déroger à sa vocation en se livrant à notre travail manuel, et il ne s'aperçoit pas, au contraire, que cela seul peut lui assurer son indépendance, l'ennoblir et la sanctifier.

— C'est vrai.... Mais, dites-moi donc, n'avez-vous pas eu aussi un peu cette maladie, vous-même. Pourquoi donc vous avait-on surnommé *L'incompris?*

A cette question que lui fit Joseph, une soudaine rougeur couvrit le visage d'André; il se retourna vers son camarade en souriant et il lui répondit :

— Parce que j'étais un rêveur maussade et orgueilleux, qui se croyait au-dessus de tout le monde, et qui ne valait pas mieux qu'un autre.

— Oh! alors, vous êtes bien changé, car actuellement vous êtes peut-être trop modeste,.... et bon, je peux le dire comme tout le monde qui vous rend justice.... N'écriviez-vous pas aussi au temps dont je parle?

— J'écrivais et j'écris encore. C'est en persévérant dans le bien qu'on s'y accoutume et qu'on parvient à se le rendre facile. Mais il y a cette différence, voyez-vous, qu'autrefois j'écrivais pour briller — du moins avec l'espérance de briller — et que, maintenant, j'écris avec l'espérance de me rendre utile. Je pense à l'avenir, non plus dans l'intérêt de mes satisfactions égoïstes, mais dans la prévision des devoirs que la classe laborieuse aura à remplir un jour, pour défendre elle-même ses droits, ses intérets, sa liberté que les publicistes de toutes les époques n'ont jamais bien compris, et que leurs discussions éternelles n'ont pas fait avancer d'un pas depuis au moins cinquante années. Je laisse rire ceux qui trouvent en cela des prétentions ridicules parce que je connais le fond de leur pensée, et je travaille sans relâche à m'instruire parce que jamais nous n'arriverons à l'affranchissement, sans la moralité et sans les lumières.

— C'est une louable pensée que la vôtre, ami André ! Mais où donc avez-vous été puiser ces idées de dévouement et d'abnégation qui deviennent si rares par le temps qui court, car vous n'attendez rien, je suppose, de ceux à qui vous espérez être utile?

— Certainement; mais le bien que j'espère faire fructifier me donnera plus de satisfaction que ne pourraient m'en donner tous les trésors du monde, je n'en ai jamais douté en écoutant les secrètes aspirations de mon cœur et en méditant ce livre qui m'a sans cesse fortifié dans le bien, qui m'a empêché de devenir égoïste, dur et aveugle en face des misères de mes semblables, et devant les nécessités terribles de notre époque.

— Ce sont les Evangiles? dit Joseph, en jetant ses regards sur le livre que son camarade venait de tirer de sa poche.

— Oui, ami, ce sont les Evangiles. Ceux qui nous en éloignent ont intérêt à perpétuer notre ignorance et notre misère; croyez-le. Plus nous serons grossiers et vils, plus ils auront de sécurité et de puissance. Voilà pourquoi ils poursuivent de leur ironie amère et de leurs sarcasmes cruels, ceux d'entre nous qui sentent leur dignité et qui élèvent la voix pour réclamer leur place au soleil, un peu de pain pour leurs nombreuses familles, un peu de bonheur au monde pour leurs pauvres petits enfants! Mais je crois bien être un de ceux à qui l'on devrait pardonner *ce travers,* comme ils disent, car cela ne fait aucun tort à mon travail de chaque jour, ni aux nombreux devoirs que ma condition m'impose.

— Certainement, dit Joseph, que jamais vous ne perdez une heure ; nous savons que vous prenez vos études sur le sommeil, sur le repos, et je crains qu'un jour ces excès de fatigue....

— Ces excès, reprit André, n'ont rien de dangereux pour la santé, quand on n'en commet pas d'autres. Il y a autant de distraction que de fatigue dans ce travail de l'intelligence, et le charme que l'on y éprouve fait oublier les peines que l'on y endure. Ce qui détruit la santé des hommes, ce qui les abrutit, ce qui les perd, c'est la paresse, le jeu, l'ivrognerie, et mille autres dérèglements qui en sont la suite et qui mènent incessamment ceux qui s'y livrent à la misère, à l'abjection, à toutes les turpitudes, à toutes les indignités : voyez Charles !...

— Oh! ne parlons plus de lui; je vois maintenant que l'on n'en peut plus rien espérer, et j'ai peur qu'il finisse comme ceux qui l'entraînent.... Dites-moi plutôt pourquoi je n'ai jamais eu comme vous l'idée d'écrire, même quand le travail manque et que je m'ennuie, même quand je suis seul et que je ne sais que faire à la maison. C'est donc que cela n'est donné qu'à peu d'entre nous et qu'ils s'y sentent poussés par quelque chose d'irrésistible que vous devez connaître, mais que je ne puis vous définir.

— Non, ami, non; en ceci, comme en bien autre chose, la bonne volonté fait tout. Chaque homme pense et est apte à exprimer ses pensées sous certaines formes et dans certaines limites, selon la mesure de ses capacités et l'étendue de ses connaissances. Il y a tel campagnard, qui ne saurait convenablement placer un mot dans une compagnie, et qui, en écrivant à sa vieille mère ferait pourtant naître en nous des émotions plus pures que certaines pages des livres que l'académie couronne. Il y a peut-être aussi un penchant, une vocation ; je crois même, que les grands génies en éprouvent les secrètes influences ; mais pour nous, pour ce que nous sommes, pour ce que nous devons faire comme ouvriers en vue de l'amélioration du sort de la classe laborieuse, je vous le répète, il ne s'agit que de bonne volonté.

— J'en doute, fit Joseph. D'ailleurs, des camarades bien informés m'ont dit que vous aviez eu une sorte de révélation dans votre enfance.

— Moi ! dit André, en souriant avec bonhomie.

— Oui, vous ! Allons, contez-moi cette aventure.... pour m'édifier, dit Joseph, avec cette malice bouffonne et enjouée qui se fait toujours partager par celui à qui elle s'adresse.

En échangeant ces derniers mots, les deux ouvriers s'assirent à l'ombre sur les marges d'un fossé tapissé de mousses odorantes et fraîches, et, quand ils eurent promené autour d'eux un regard scrutateur pour voir s'il ne se trouvait pas là quelque oreille indiscrète, André prit la parole en ces termes.

— Vous savez que je suis né d'une famille de pauvres bergers, et que toute l'existence de ces malheureux se passe au milieu des champs et dans la solitude. Rien n'est retiré, austère et triste comme leur vie.

J'ai partagé bien jeune les soucis et les travaux de mon père. A l'époque dont il faut que je vous parle, je pouvais avoir sept à huit ans.

Nous avions établi notre parc dans un lieu désert, nommé le Val-Vert par les habitants du village. C'est une solitude charmante et embaumée où mon esprit me reporte sans cesse, et où mes labeurs passés ne reparaissent à mes souvenirs que comme des instants de bonheur que l'âge a détruits et que je ne retrouverai plus....

C'était un matin à l'aube. L'alouette avait

porté ses premiers chants dans le ciel, et le jour commençait à poindre. Nous étions en pleine moisson. Mon père qui s'en allait à la ferme, me laissa seul dans la cabane et me dit, en me montrant un champ voisin que l'on avait fauché la veille, et où toutes les gerbes entassées n'attendaient plus qu'à être mises à couvert :
— Tu vois, mon enfant, dans une heure on va venir glaner ici ; tiens-toi prêt à commencer avec les autres, quand on aura donné le signal, et tâche d'apporter une belle glane à ta mère.

Certain d'être obéi, mon père m'embrassa et partit sur cette recommandation. Je le regardai s'éloigner sans trop savoir ce qu'il venait de me dire, ayant en moi le vague instinct des devoirs que j'avais à remplir, et le souvenir plus vague encore de mes rêves de la nuit, que le réveil avait interrompus. Le soleil s'était levé radieux et dardait des rayons de flamme sur les moissons encore debout, ondoyantes et dorées. Le ciel avait conservé une teinte rosée qui lui venait de l'aurore et qui se dissipait peu à peu sous le bleu du grand jour, comme une vapeur légère ou le prisme d'une illusion. Non loin de moi, il y avait un grand bois où j'entendais gazouiller les oiseaux; le zéphir jouait dans la plaine avec les fleurs et les abeilles; un vent frais venait de temps en temps se glisser sur mon visage et chanter dans ma chevelure, puis, alternativement, et comme pour me ravir, il m'apportait un écho du travail des champs, le bêlement plaintif d'une petite agnelle, ou le murmure confus de la ravine lointaine, qui, passant furtif à mon oreille, me semblait une voix mélodieuse....

J'écoutai tout cela bien long-temps, je regardais le ciel et je ne dormis pas, j'en suis certain.... et pourtant, je perdis toute perception des choses réelles — ou elles se revêtirent, à mes yeux d'une forme imaginaire, car je ne puis attribuer aux songes du sommeil, ce rêve de l'intelligence active, qui crée, sans pouvoir se rendre compte de son action, mais qui se connaît pourtant et sait jouir des choses créées.

Il est impossible de peindre ce que je vis et ce que je ressentis alors ; il n'y a pas de langage pour cela : c'était tout un monde mystérieux plein de visions, de splendeurs et d'harmonie, et mon esprit dominait sur les magnificences de cette création sublime comme les gloires éclatantes du ciel sur les beautés vierges et primitives du monde inconnu....

Quand mon père vint reprendre sa tâche accoutumée, le soleil marquait midi. Le brave homme me trouva couché, parfaitement tranquille, et les yeux grands ouverts.

— Encore là? me dit-il, d'un air de reproche où perçait toute l'affection paternelle. Et ta glane, mon enfant, ta glane, voyons... voyons comme elle est belle.

Et je lui répondis sans hésiter : — on n'est pas encore venu, père! — Alors, il me montra le champ nu ; tout était enlevé, les gerbes et les épis. Ainsi, les moissonneurs bruyants, les glaneuses babillardes, les enfants criards, le fouet, les chevaux, le craquement des lourdes charettes sur les chemins pierreux et inégaux, le bêlement du troupeau qui était à dix pas de moi, je n'avais rien entendu ! et, chose étrange, souvent le plus petit souffle des brises m'a réveillé pendant la nuit. Il y a vingt ans de cela, et, quand nous en reparlons, au coin du feu, si je dis à mon père ce qui s'est passé alors, il secoue la tête d'un air incrédule et dit en me serrant les genoux qu'il secoue doucement : tu dormais, va !

Et comment le contredire ? il n'y a bien que deux sphères pour nos sens bornés ; ce sont des songes qui nous élèvent aux beautés du monde idéal, quand notre esprit, libre de contrainte, peut s'arracher aux misères de l'autre ! Quoiqu'il en soit, de ce jour, je me crus initié à une vie nouvelle et je ne voulus plus vivre comme autrefois j'avais vécu. Un sentiment d'orgueil présomptueux s'empara de mon petit être et me changea complètement. Il me sembla dès lors que j'étais un élu du bon Dieu et que la vision était un présage de mes grandes destinées. Déjà j'avais lu la Bible, et je me disais : David fut un berger, comme moi, et David a tué le géant; il fut grand roi, grand poète, et sa gloire fut égale à sa toute puissance. A moi, la harpe céleste, à moi l'avenir éclatant et radieux ! et je n'abordais plus mes pauvres camarades du village qu'avec un air de supériorité ou de protection dédaigneuse. Je croyais qu'il n'y avait que moi au monde qui pût voir ce que j'avais vu, et comprendre ce que j'avais compris. Ma mère s'aperçut de ce changement et s'en affligea. Une fois, devant une de nos vieilles voisines qui se trouvait à travailler chez nous, elle me fit des reproches sévères. Je les reçus le front haut, et sans sourciller. Je lui dis qu'elle ne me connaissait pas! qu'un jour j'aurais un nom illustre dont elle serait fière, qu'il ne fallait plus qu'elle prît de fatigue pour nous donner du pain, que j'aurais soin de mes frères et de mes sœurs, et que je les rendrais tous heureux..., Mon exaltation l'émut, ainsi que la vieille voisine qui s'était arrêtée pour mieux m'entendre et qui me regardait alors avec une indicible curiosité. Quand j'eus fini de parler, cette bonne femme se leva, me prit par la main, découvrit mon front où mes cheveux pendaient en désordre, et me considérant pendant quelque secondes, elle m'embrassa, et dit avec une émotion pleine de sollicitude :

— Tu seras peut-être bien malheureux un jour, mon pauvre enfant !...

Puis se retournant vers ma mère :

— C'est un bon cœur, ma voisine. Cet enfant m'a émue jusqu'aux larmes, tout à l'heure ; Dieu vous le conserve puisqu'il doit vous rendre heureuse. »

Quelques jours se passèrent où je restai sous le coup de cette espèce d'accès de fièvre, puis, il s'éteignit peu à peu, et enfin, je revins à mon état normal. Je retournais pourtant au Val-Vert bien souvent, invoquer ce monde idéal, le seul où désormais, je voulais vivre. Mes méditations se prolongeant à l'infini, la nuit venait quelquefois m'y surprendre. Ce lieu est très-désert et il fallait encore traverser le bois pour revenir à notre maison. La peur me donnait des ailes, et j'arrivais bien vîte, mais haletant et brisé, mais couvert de sueur et de poussière, accablé de fatigue et d'émotion. Pourtant, la grande vision ne reparut jamais; mes rêves actuels n'en étaient qu'une pâle réminiscence; l'écho affaibli des sons, la nuance incertaine des couleurs....

Aussi bien, tout cela devait finir — un peu plus tôt, un peu plus tard, — dans l'atelier d'un fabricant de Paris, où je fus mis en apprentissage, homme atroce, brute, impitoyable, qui au bout de quelques années m'avait rendu méconnaissable à force d'oppression et de mauvais traitements. Rien, je crois, ne dégrade l'intelligence humaine comme la dépendance et la crainte. Pauvres petits enfants des malheureux ouvriers, comme on les traite, comme ils sont à plaindre! La brutalité, l'exploitation, la convoitise, l'égoïsme sous toutes ses formes hideuses, ses duretés, ses hypocrisies, ses haînes sourdes, ses viles passions, voilà les furies auxquelles on les livre en sortant des bras de leurs mères. Mon maître, ai-je dit, m'avait rendu méconnaissable; chaque jour il essayait de tuer en moi ce que Dieu y avait mis de bon, d'humain, de tendre, d'élevé, de délicat, de sensible, de poétique et de supérieur. J'étais déchu ! je le sentais, et cette abjection me fesait horreur. J'aspirais à secouer cette fange dont le malheur m'avait couvert ; au milieu de toutes les turpitudes, je nourrissais encore de saintes espérances, et, pendant la nuit, quand trop de fatigue m'ôtait le sommeil, je pleurais mes illusions évanouies, comme l'exilé pleure le ciel de la patrie.

L'avenir était sombre et me faisait trembler, mais le passé, plein de charmes, me rappelait à des jours heureux en faisant briller son sourire à travers mes larmes. J'arrivai ainsi jusqu'à l'âge de l'homme, où un peu de liberté me rendit une partie de mes premiers trésors : le calme, le recueillement, les aspirations de l'idéal. Mais j'avais trop souffert ; mon âme est restée accablée et triste bien long-temps. C'est alors que je vivais avec cette réserve, cette froideur, ce dédain de mes semblables dont je croyais m'enorgueillir et qui me rendaient ridicule à leurs yeux : c'est alors ajouta André, en riant, que l'on m'a surnommé *L'incompris!* Le persifflage de mes camarades me rendit à la raison. Je pris mon parti de vivre dans ce monde où je m'étais cru sérieusement déplacé, et, au lieu de me détourner avec horreur de ce que j'appelais les crimes et la dureté des hommes, je ne vis plus autour de moi que des êtres infortunés, pleins de faiblesses, d'infirmités, de misères et d'erreurs; que la charité m'ordonnait de secourir et de plaindre; d'aimer, d'encourager et de consoler....

— A la bonne heure! dit Joseph, en tendant la main à son compagnon, à la bonne heure; voilà un homme!

— Oh! reprit André, il ne faut pas trop me féliciter; je ne suis pas encore bien guéri; il y a des jours où je me sens, malgré moi, retomber dans mes accès de regrets et de tristesse; où je me dis que, moins malheureux, j'eusse pu grandir et m'illustrer; que mes efforts n'eussent pas été stériles et impuissants en face du but marqué où ma première ardeur voulait atteindre !... Peut-être aussi me suis-je trompé; peut-être ai-je pris un moment de délire pour une manifestation de la bonté divine.

— Il vaut mieux le prendre ainsi, dit Joseph ; c'est plus sensé et plus consolant. Quand vous seriez un poëte, après tout, un vrai poëte, dans toute la beauté et l'énergie antique du mot, à quoi cela sert-il aujourd'hui? il y en eut d'illustres qui ont été traités comme des fous ; d'autres qui sont morts de misère ; on en connaît qui vivent d'opprobre en prostituant la muse au vice des grands, comme une fille des carrefours....

— Oui ! reprit André, avec une exaltation mal concentrée, mais il en est aussi qui font naître l'enthousiasme au cœur de tout un peuple et qui le portent aux actions héroïques, comme Rouget-de-Lisle avec la Marseillaise ! et d'autres encore, comme Béranger, qui se font les interprètes du sentiment national dans tout ce qu'il a de plus touchant et de plus sublime ; qui ne cessent de harceler de leur verve mordante et inépuisable, les ridicules tyrans du vieux monde jusque sur le trône où ils exercent depuis si long-temps leur domination absurde et sacrilége.

— Vous avez raison, dit Joseph, ému par les dernières paroles d'André, il est beau d'exercer un tel sacerdoce et avec une telle puissance.

Après cet entretien, les deux ouvriers se remirent en marche, puis, ils firent un petit repas à l'auberge du prochain village, et, comme le jour allait finir, ils regagnèrent leur lit un peu dur, où ils trouvent toujours un sommeil paisible, et quelquefois des songes de bonheur. Quand ils furent près des grilles de la barrière, ils virent un groupe tumultueux au milieu duquel s'agitaient des uniformes de soldats. C'était la garde, qui était intervenue dans une de ces luttes sauvages dont ces lieux-là sont si souvent le théâtre ; elle emmenait au poste voisin, un homme ivre et défiguré, tout couvert de sang et de souillure, qui pouvait à peine se soutenir, et dont les habits étaient en lambeaux : c'était Charles !

Après une dispute de cabaret, où les coups avaient succédé aux injures, son adversaire forcené l'avait traîné dans la fange des chemins et il allait passer la nuit au corps-de-garde, en compagnie de tout ce que la police y renferme de vagabonds, de débauchés, de voleurs et de vauriens de toute espèce.

Le lendemain dès six heures, Joseph et André étaient au travail. Charles, le malheureux ! avait reçu un coup affreux dans la poitrine, — un coup mortel. — On le transporta à l'hôpital, il y vécut encore huit jours, et n'en ressortit plus !...

1842.

LES AVENTURES SURPRENANTES

DU PETIT GUILLAUME DU MONT-CEL.

LES AVENTURES SURPRENANTES

DU PETIT GUILLAUME DU MONT-CEL.

> Cette histoire est vraie; c'est ma grand'mère qui me l'a contée.
> — Sauvons-nous, voici les Cosaques!!!

1

Vers la fin du mois d'août, 1815, alors que les armées de l'Europe coalisée avaient envahi la France, et couvraient son sol de toutes parts sous la multitude de leurs soldats barbares, une scène touchante se passait dans un de nos pauvres villages, riverains de la Marne, que les Prussiens avaient dévasté, et où quelques-uns de leurs cavaliers campaient encore au milieu des ruines. La nuit commençait à descendre sur la vallée, — nuit noire et lourde, sans poésie et sans étoiles, que de fréquents éclairs sillonnaient d'une lueur livide, et qui ne laissait entendre que les cris des oiseaux funèbres, mêlés par intervalles aux bruits sourds et lointains de l'orage apaisé. Hors cela, tout était silencieux et calme; le vent du soir était sans force et sans harmonie, il glissait sur les feuilles des arbres humides sans les agiter et sur l'herbe inondée sans y éveiller un murmure. Le bruit tumultueux du bivouac avait aussi cessé. La sentinelle était immobile à son poste; après s'être énivrés les soldats dormaient.

Au premier étage d'une maison élégante et spacieuse que leur chef s'était choisie pour demeure, et dont le rez-de-chaussée leur servait d'écurie et de corps-de-garde, une vieille femme était occupée à attiser le feu qui commençait à faiblir dans l'âtre, en jetant à la dérobée des regards scrutateurs et inquiets sur un homme jeune encore, et vêtu avec assez de distinction, qui se promenait de long en large dans la chambre, les mains croisées derrière le dos, et dans une agitation impatiente et fébrile. Cet homme était un médecin, le plus renommé de la contrée, qui en ce moment comptait les instants où il pourrait délivrer une pauvre femme en travail à laquelle il était venu donner ses soins, et qui allait devenir mère pour la première fois. La position de cette malheureuse était si terrible qu'il désespérait presque de lui sauver la vie.

— Je crois que la paroisse sonne. Quelle heure est-il, mère? demanda le docteur à la vieille femme qui soufflait toujours sur les cendres en maugréant contre le bois vert.

Celle-ci se hâta de dénouer sa jarretière, et tira de dessous son bas de laine une petite montre d'argent qu'elle y avait cachée pour la soustraire à la rapacité des pillards, dont malgré des ordres sévères le pays restait infecté; puis, elle la présenta au docteur en disant :

— Voyez vous-même, je n'ai plus mes lunettes;

ces vilains gueux ne nous ont rien laissé!... Je vous demande un peu à quoi pouvaient leur servir mes lunettes ? là ! Oh ! si mon homme n'était pas mort.... Ce n'est pas de son temps qu'il aurait fallu venir ainsi nous dévaliser, nous vexer, nous brûler, et tout ! il ne se serait pas sauvé dans les bois, lui ! Ah bien oui, se sauver ! et devant des Prussiens encore ! des méchants Prussiens de rien du tout, que les enfants de la République ont si bien étrillés à Fleurus, quand Louis XVI nous a eu trahis....

Cette sortie de la vieille femme fit errer un sourire imperceptible sur les lèvres du docteur.

— Et, qu'aurait donc fait votre mari, devant des armées pareilles, lui demanda-t-il ?

— Ce qu'il aurait fait ? je vais vous le dire, car nous en parlions souvent ; il prévoyait, alors, ce qui nous arrive aujourd'hui ! Et la vieille femme continua en haussant la voix et en s'animant par dégrés : Ce qu'il aurait fait ! d'abord, c'aurait été d'enfermer les femmes et les enfants dans l'église, avec toutes les provisions que l'on aurait pu ramasser; ensuite, il aurait rassemblé les hommes, avec des fusils, des faulx, des haches, des pioches; tout ce qui peut servir, quoi! on se serait rendu chez le maire ensuite, pour le mettre à la tête, comme c'est sa place; on lui aurait demandé son écharpe pour l'attacher au bout d'une gaule et en faire un drapeau, et après : vive la France! en avant, jusqu'à la mort!... en ce moment, la vieille fut interrompue par un cri d'angoisse qui partit de la chambre voisine, puis une porte d'intérieur s'ouvrit avec violence et une jeune villageoise entra et vint se jeter au devant du docteur en criant :

— Au secours, Monsieur, ma sœur se meurt!...

Le docteur entra précipitamment dans la chambre et il en ressortit après quelques minutes, en semblant très-ému et presque troublé.

Ce n'était pas un de ces hommes froids et spéculatifs, qui, hors de leurs affections privées ne voient plus dans la nature humaine que des objets d'étude et d'expérimentation : son cœur était bon, sensible, élevé et sympathique. Il remplissait tous les devoirs de son ministère auguste avec conscience, mais en appelant à lui tout son courage, sans jamais étouffer la précieuse tendresse d'âme dont Dieu l'avait doué.

— Ce n'est pas encore pour maintenant ! dit-il à la jeune fille dont les regards l'interrogeaient avec une cruelle anxiété.

Et, comme elle pleurait, il lui dit encore ;

— Voyons Thérèse, voyons, ma fille, il ne faut pas vous désoler; nous avons tous besoin de courage ici....

Et il se remit à marcher de long en large selon sa coutume en regardant l'heure encore une fois.

— Minuit, moins un quart ! dit-il. Thérèse, votre beau-frère ne vient pas.... on ne l'aura pas trouvé ce matin, — ou ceux qui nous avaient promis de le voir, ne lui auront pas dit à quel point il nous serait nécessaire. N'est-il donc personne dans le voisinage qui puisse de nouveau aller l'avertir?

— Personne! dit Thérèse abattue.

Le docteur prit alors dans ses mains les deux mains de la jeune fille et il dit, en la regardant fixement comme s'il eût voulut lire jusqu'au fond de son âme :

— Et vous?...

— Oh! Monsieur, moi! répondit Thérèse, aller au milieu des bois, pendant la nuit, toute seule.... et le camp des ennemis qu'il faut traverser!

— Quand on a du cœur et que l'on est leste comme vous l'êtes, reprit le docteur, on peut se dérober à bien des dangers.... A l'heure qu'il est tous ces soldats dorment, ou ils sont ivres. Il n'y a donc que les sentinelles à éviter ou à fuir, et c'est chose facile quand on connaît le pays. D'ailleurs, il fait si noir, que l'on y voit à peine à dix pas devant soi. Allons, ma fille, encore ce sacrifice; c'est votre sœur qui vous le demande, et il n'y a que vous ici qui puissiez le

9

faire pour elle. Vous ne sauriez croire de quel secours nous serait la présence de votre beau-frère, et quel courage puise auprès de son mari une femme dans cette position cruelle.

— Si ma sœur le demande, dit doucement Thérèse.... Puis, elle ajouta : il y a pourtant bien des hommes dans le pays qui s'abstiennent d'être près de leurs femmes dans des moments pareils ; il y en a même qui les fuient. Cela les ferait trop souffrir de voir....

— Ceux qui s'abstiennent, interrompit le docteur, sont des malheureux, et ceux qui fuient, des lâches : je ne vois qu'un manque de courage dans leur prétendue sensibilité.

Thérèse avait baissé les yeux et elle ne répondait plus. Mais sa sœur qui ne cessait de gémir vint à jeter un cri si aigu et si douloureux que Thérèse le répéta comme un écho vivant : on eut dit que quelque chose aussi venait de lui déchirer les entrailles. Alors elle prit à son tour les mains du docteur, les serra dans une étreinte convulsive et sortit avec précipitation, sans prononcer une parole et sans regarder derrière elle.

La vieille femme éleva ses yeux au ciel et fit le signe de la croix en la voyant partir.

— Ayez confiance en Dieu, et ne craignez rien, lui cria le docteur.

Puis se retournant vers la vieille :

— Maintenant, à nous deux, mère! dit-il, voici le moment venu de m'aider comme vous l'avez promis.

La vieille se leva, poussa un soupir, en regardant la porte par où Thérèse venait de fuir. et dit, avec un accent des plus tristes : elle n'en reviendra jamais ! Puis. elle suivit le docteur dans la chambre pendant que la jeune fille courait la campagne.

La providence seconda le zèle de la bonne et courageuse Thérèse. Elle parvint à rejoindre son beau-frère après avoir échappé à tous les dangers, et ils étaient nombreux sur la route qu'elle avait à parcourir.

C'étaient d'abord des sentiers étroits, obstrués

en partie, coupés par de profonds ravins, et rendus presque méconnaissables à la suite du bouleversement général de la contrée. Puis, des plaines désertes qu'il fallait traverser dans l'obscurité; des chemins à reconnaître, à fuir ou à éviter, et enfin, le bois où elle devait trouver le mari de sa sœur, et où il n'était peut-être plus, car depuis huit jours il n'avait pas donné de ses nouvelles.

Ce pauvre homme était un berger, qui, au péril de sa vie, essayait de sauver son troupeau, de la dévastation universelle, un de ces serviteurs fidèles que l'on n'honore jamais assez, un de ces bons cœurs qui se dévouent pour conserver à leurs maîtres une fortune que leur travail procure, et dont le devoir accompli chaque jour ressemble plutôt à un pénible sacrifice qu'à une obligation conventionnelle.

Quand Thérèse le trouva, il était trois heures; l'aube commençait à poindre, et ses premières clartés doraient à peine la cime des arbres.

— Quoi! c'est vous, ma sœur! dit le berger

à la jeune fille. Est-il possible! comment avez-vous fait? mon Dieu! m'apportez-vous quelque chose. Il y a deux jours que je ne vois personne et que je n'ai rien pour subsister.

— Ah! pauvre frère, que vous êtes à plaindre! Écoutez, il faut quitter ce bois et me suivre au plus vite : votre femme est en grand danger!

— Mon Dieu! ma femme? Et son enfant, Thérèse?

— C'est pour le mettre au monde qu'elle vous appelle à son secours.

— Oh! venez, alors, venez vite....

Puis le berger s'arrêta aussitôt et reprit d'une voix sombre :

— Et mon troupeau!

— Il faut le laisser ici, quoiqu'il arrive, dit Thérèse, en le pressant et le suppliant tour à tour.

— Allons, reprit le brave homme, puisqu'il le faut : à la grâce de Dieu!

Mais pourrez-vous me suivre, ma sœur? Comme vous voilà faite!

— Comment donc me voyez-vous? il fait si noir ici.

— L'œil s'y habitue à la longue. Je vois bien vos pieds nus et déchirés jusqu'au sang; qu'avez-vous donc fait de votre chaussure?

— Je l'ai laissée en partant auprès de notre maison; c'était pour marcher sans faire de bruit.

— Et vos cheveux; vous allez les laisser aux branches des arbres : vous n'avez donc rien pour les attacher.

— Non, je vais les tenir d'une main; donnez-moi l'autre et éloignons-nous. J'avais une coiffe blanche, mais je l'ai quittée aussi, pour ne pas être aperçue de si loin par ceux que je craignais de rencontrer. Avec mes cheveux noirs, dans la nuit, j'ai passé tout près des soldats et ils n'en ont rien vu.... Pourtant, ajouta Thérèse, en regardant autour d'elle avec inquiétude, depuis ce temps-là je ne suis pas tranquille; il me semble toujours entendre quelqu'un marcher derrière moi.... Entendez-vous?... plus rien !

C'est donc l'écho? je suis si troublée et si inquiète... je crois vraiment que je m'effraie moi-même.

Soit que Thérèse eut été en effet suivie, soit par une de ces bizarreries du hasard si communes et pourtant toujours si étonnantes, à peine avait-elle achevé cette dernière parole qu'une douzaine de maraudeurs entoura le troupeau en poussant des cris sauvages, et en menaçant de leurs armes son gardien inoffensif.

— Sauvez-vous ma sœur! cria le berger en faisant un rempart de son corps à la jeune fille. Et tirant deux pistolets de sa ceinture il les déchargea presqu'à bout portant sur les premiers pillards qui voulaient s'emparer de lui. Toute la bande poussa un rugissement de colère, et dix fusils furent à la fois déchargés sur le hardi berger, sans l'atteindre. Il entendit les balles déchirer l'air au-dessus de sa tête, un nuage de fumée le déroba aux regards de ses ennemis, et, avant que ce nuage fut dissipé, le berger avait rejoint sa sœur; ils étaient désormais à l'abri du danger. Deux heures après cette échauffourée ils arrivaient à leur village, tous deux très-inquiets et accablés de fatigue.

Bien que le soleil eût déjà paru, la maison restait silencieuse et toutes les fenêtres étaient encore closes. Le berger frappa trois petits coups à la porte d'entrée en frémissant d'émotion et de crainte. Ce fut le docteur qui vint ouvrir en souriant.

— Tout va bien, leur dit-il; montez.

Ils entrèrent dans la chambre que nous connaissons déjà, et ils virent un petit enfant sur les genoux de la vieille, qui se chauffait avec lui devant un feu clair et pétillant. Le berger ne respirait plus....

— Arrive donc, voisin, lui dit la vieille, viens donc embrasser ton garçon.

Le petit Guillaume était né.

Le fils du pauvre berger avait reçu le jour dans un château, asile de l'oisiveté, de la richesse et de l'opulence. Lui qui devait tant travailler et endurer tant de misères! Mais n'enticipons pas sur notre récit, et disons tout de suite que si Guillaume était né dans cette demeure somptueuse, c'est que sa tante était servante de ceux qui la possédaient, et que sa mère s'y était réfugiée, en l'absence des maîtres, pour échapper à la barbarie des Prussiens qui dévastaient la demeure du pauvre et qui avaient brûlé sa chaumière.

Ainsi préludaient ces vainqueurs qui nous ramenaient une royauté héréditaire ; mais la France devait s'en souvenir un jour, et punir par le mépris et l'exil, ces rois dont Dieu avait condamné la race inepte et corrompue.

II

ÉDUCATION, INSTRUCTION, PREMIERS TRAVAUX.

— Qu'est-ce qui veut danser ? voilà la musique !

... Nous sommes perdus, mon frère !
Perdus, au milieu des grands bois....

Quand Guillaume eut deux ans, sa mère lui présenta une petite sœur et lui apprit à l'aimer en lui donnant les premières leçons du sacrifice, en le laissant se priver volontairement de ce qu'il avait pour le donner à tous ceux qui en avaient besoin, en lui apprenant à prier Dieu chaque jour pour devenir bon, intelligent et sage. On le menait souvent visiter sa tante Thérèse, fille d'un grand sens, et le meilleur cœur du monde, toute servante qu'elle fût, cette pauvre fille l'initiait à toutes les délicatesses des âmes élevées, aux bienséances du langage, aux politesses et aux convenances de la société qu'elle observait chez ses maîtres et qu'elle mettait ses soins à recueillir pour les répandre ensuite chez tous ceux qui approchaient d'elle et qui en étaient privés par le malheur de leur condition. A mesure que Guillaume grandissait et qu'il pouvait mieux la comprendre elle lui donnait l'exemple du bien avec les préceptes de la charité. Quand il découvrait un vice, elle lui en montrait l'horreur en lui révélant une vertu. Quand il commettait une faute, elle le reprenait doucement, cherchant plutôt à l'attendrir qu'à l'humilier, et à lui rendre le désir du bien, plutôt que de lui laisser la honte du mal.

Dans la rue, elle lui apprenait à saluer et à respecter tout le monde; que ce fût le seigneur, ou le dernier des manouvriers, que ce fut M. le curé ou le plus pauvre homme du village; lui apprenant ainsi de bonne heure à regarder tous les hommes comme des frères, lui enseignant que les plus malheureux sont souvent les plus

» mal close, et quand mon père reprenait
» haleine, je m'empressais de sortir faisant
» semblant d'avoir affaire dehors, mais bien réel-
» lement avec l'intention d'aller recueillir des
» louanges. Quelquefois j'attérais l'auditoire par
» ces deux mots que je prononçais avec emphâse
» comme si ce fût mon père qui me les envoyât
» dire : *c'est fini!!!*...

» Il fallait voir alors toutes ces bonnes jeu-
» nesses m'entourer, me supplier de faire re-
» commencer la *musique*. Puis c'étaient des
» caresses, des flatteries, de bons gros baisers
» qui m'arrivaient, et toutes sortes de fruits que
» bon gré mal gré on fourrait dans mes poches.
» Je ne promettais rien, et je rentrais chez nous
» triomphant. Mon père ignorait ce petit ma-
» nége ; j'arrivais près de lui, je le prenais par
» la jambe et lui disais : encore, papa.... Il
» m'embrassait, il recommençait et tout le
» monde était content.

» Généralement les maisons des campagnes
» sont assez spacieuses, mon père, en jouant se

utiles et que ce sont eux qu'il faut le mieux aimer.

La famille du petit Guillaume augmentait tous les ans. Après sa sœur il eût un frère, puis encore une sœur, puis encore un frère, et toujours comme cela jusqu'à six. Plus il en voyait, plus il était content. C'est à ces temps-là que se rattachent les plus doux moments de sa vie.

Voici comment il en parlait plus tard, lui-même, à des amis qui nous l'ont répété :

« Mon père jouait de la musette, et en jouait
» supérieurement. Il n'y avait fatigue qui tînt,
» quand il rentrait, le soir, il fallait qu'il
» nous fît danser. J'ai vu souvent, dans la sai-
» son la plus rigoureuse de l'année, les jeunes
» filles du village rester des heures entières à
» l'entour de notre maison pour l'entendre et
» ne jamais se lasser de ce concert rustique,
» bien qu'il fût parfois interrompu par les cris
» de la marmaille ou les aboiements de nos
» deux chiens impatientés. J'écoutais les chu-
» chotements de nos voisines, à travers la porte

» promenait de long en large dans la nôtre.
» Il fallait me voir marcher gravement derrière
» lui en faisant des enjambées énormes pour
» mettre mes pieds à la même place où il posait
» les siens, avec une paille coudée à la bouche
» dans laquelle je soufflais aussi en remuant
» mes doigts dessus, en mesure, comme si c'eût
» été une seconde musette.... Quelquefois, ma
» sœur plus jeune que moi, se prenait à m'imi-
» ter ; elle se mettait à la file, et, comme tou-
» jours les enfants veulent faire ce qu'ils voient
» faire aux autres, un nourrisson qui pouvait à
» peine marcher la tenait par le derrière de sa
» robe et nous suivait aussi. Le grand feu de
» l'âtre éclairait cette comédie que ma mère
» regardait en souriant, et dont tous les acteurs
» étaient heureux sans le savoir. Voilà quels
» étaient mes bonheurs de l'hiver ; l'été, j'en
» avais d'autres, et plus touchants encore.

» Mon père restait toute cette saison dans les
» champs. C'était moi qui lui portais son repas
» du soir, et qui étais son compagnon de nuit.

» En attendant le sommeil, nous devisions de
» toutes choses. Mon père était un ancien soldat
» et il avait la mémoire très-heureuse, il me
» racontait les fameuses batailles dans lesquelles
» il avait suivi le grand Empereur, il me répé-
» tait aussi de vieilles légendes auxquelles sa
» narration savait donner une couleur vive,
» pittoresque, et pleine de charme. Les contes
» de Perrault, ceux des *Mille et une nuits* fai-
» saient quelquefois aussi la matière de nos
» intimes entretiens. Tous ces récits merveilleux
» m'enflammaient l'imagination, aussi bien les
» batailles que le reste; je les écoutais en regar-
» dant glisser les nuages aux clartés des étoiles,
» et bercé par la brise nocturne qui nous endor-
» mait en nous caressant....

» Dans les jours d'orage, je restais seul à la
» cabane pendant que mon père allait mettre le
» troupeau à l'abri. J'assistais seul et sans
» frayeurs à ces bouleversements de la nature,
» à ces luttes grandioses et solennelles des élé-
» ments en fureur, où le ciel s'embrâse pour

» vomir la foudre, où le vent déchaîné de la
» tempête pousse des gémissements formidables
» à couvrir l'éclat du tonnerre. La terre trem-
» blait sous mes pieds, l'eau débordait de la
» ravine en roulant des fractions de rochers et en
» déracinant les arbres sur son passage. Les flots
» menaçaient de tout engloutir. Ma cabane était
» submergée; chaque rafale l'ébranlait et em-
» portait un débris de son toit de chaume.
» J'étais ému, transporté, délirant; je fré-
» missais sous des émotions profondes mais
» exemptes de terreurs. Qu'avais-je à craindre ?
» ne venais-je pas de prier Dieu! Le lendemain
» de ces nuits terribles, je m'éveillais dès l'au-
» rore pour chanter avec les oiseaux et comme
» eux m'ébattre au soleil, heureux âge ! »

A sept ans, Guillaume fut mis à l'école ; ce fut pour lui le commencement des misères de la vie. Le magister de son village était un rustre ignare et brutal, qui battait l'élève dès les premiers jours, et qui le traitait d'âne en l'abrutissant. Guillaume apprit malgré son maître à lire et à écrire en deux hivers qu'on l'y laissa. Ce qui lui était le plus odieux à la classe, c'était de lire le latin, cette langue morte, dont on bourre de pauvres enfants qui ne sauront jamais s'en servir, et dont le peu de temps qu'ils ont à donner à l'étude devrait être employé à tant de choses utiles. Mais les monarchies ont besoin de perpétuer l'ignorance du peuple, pour lui cacher les abus dont elles vivent, et nous étions alors sous le gouvernement de Louis XVIII.

Quand Guillaume fut un *savant,* le gain de son père ne suffisant plus au besoin de sa nombreuse famille, on lui fit quitter l'étude pour le mettre au travail. Il commença par aller glaner, garder le bétail, couper le bois mort sur les hautes futaies, extirper les chardons dans la plaine et ramasser les cailloux sur les grands chemins. Tout cela fut fait par lui du meilleur cœur du monde, parce qu'il aimait ses parents et qu'il ressentait déjà le bonheur de leur venir en aide. Il avait beau être fatigué il n'allait se reposer, le soir, que quand sa mère y allait elle-même et que pas un des petits enfants ne pleurait plus.

Ainsi s'élèvent la plupart des enfants de nos classes laborieuses, dans l'austérité du travail, dans la pratique des saints devoirs, dans la charité des dévouements sans bornes, pour tout ce qui les entoure, et qui a besoin de leur appui. Et ce sont eux que des privilégiés égoïstes et corrompus, accusent de vouloir détruire la famille. O hypocrites ! ô méchants hommes ! soyez donc plus sincères et plus humains ; comparez vos mœurs à celles du pauvre : vous, vous empoisonnez la famille ; nous, nous la sanctifions et nous mourons pour elle.

Un jour, Guillaume emmena avec lui le plus âgé de ses frères dans la forêt pour lui montrer les nids qu'il avait découverts, et où déjà quelques petits oiseaux venaient d'éclore. Il jouissait de la surprise et des ravissements de l'enfant à chaque nouvelle découverte qu'il lui faisait faire, mais l'heure se passait sans mettre un terme à sa curiosité incessante, et Guillaume s'était déjà assis sur la mousse pour partager le pain qu'on doit manger après avoir achevé l'ouvrage, sans être encore parvenu à rien commencer.

Enfin, il s'y mit avec ardeur, en procédant selon la méthode du pays, c'est-à-dire en ramassant de droite et de gauche et déposant ensuite chaque brassée de bois à terre, l'une après l'autre, à mesure qu'il avançait et en y mettant un signe de reconnaissance pour en marquer la possession, et les retrouver en revenant sur ses pas quand il y en aurait une quantité suffisante pour en façonner un fagot et revenir à la maison. Mais il avait tant de choses à conter au petit frère, tant de noms de fleurs à lui apprendre tant de merveilles à lui découvrir et à lui faire admirer dans cette végétation si féconde et si belle, que la besogne n'avançait pas vite, et qu'il faisait déjà presque sombre à ses pieds quand il jugea sa tâche achevée. Il souriait en lui-même, du plaisir et de l'étonnement qu'il allait procurer à sa mère en ramenant près de lui le petit frère avec un fagot gros comme le bras, qu'il voulait lui ajuster sur les épaules, *pour rire*, à la façon des gens du village. Son imagination était joyeuse, légère, sémillante; mille projets s'y jouaient pour l'avenir, et le présent ne l'occupait presque plus.... Mais, voilà qu'il ne retrouvait rien de tout le bois qu'il avait ramassé. Arrivé au premier dépôt qu'il devait prendre, la place était vide.

— Oh! se dit Guillaume, quel malheur! il y avait de si bons morceaux; quelqu'un me l'aura pris par mégarde.

Il courut vers le lieu où il devait en trouver un autre, il n'y avait rien encore! Son cœur se serra, et de grosses larmes lui roulèrent dans les yeux.

— Voyons au troisième! se dit-il, presque découragé.

Mais le troisième ne se retrouva pas plus que les autres...... Alors, Guillaume se mit à courir la forêt comme un fou. Son frère ne pouvant plus le suivre, il le prit, tantôt dans ses bras, tantôt sur ses épaules, en courant toujours,

toujours en cherchant. Puis il remarqua qu'il avait beau s'éloigner sans cesse, sans cesse il revenait sur ses pas, vers un fourré des plus épais, plein de lianes, de ronces et d'épines, et où il était impossible de pénétrer. Il essaya de suivre un sentier pour gagner quelque clairière et se reconnaître; impossible : le sentier n'avait pas d'issue, et il se retrouva encore en face du fourré infranchissable.

Alors, la peur le prit, et il vit qu'il était égaré. Que faire ?

Le pauvre Guillaume était dans un grand trouble. La sueur lui coulait du front ; la fatigue l'accablait. Il s'assit sur les racines exubérantes d'un chêne, et, pressant son petit frère sur sa poitrine, il l'embrassa en sanglotant.

— Ne pleure pas, mon frère, lui disait le jeune enfant, ne pleure pas, va! Allons-nous-en chez nous.

Et Guillaume désespéré lui répondit :

— Nous sommes perdus!!!

Mais le petit ne comprenait pas encore que

l'on pût se perdre, et il répétait avec insistance en tirant Guillaume par la main :

— Allons-nous-en, dis ! J'ai faim, mon frère... Allons-nous-en chez nous.... il va faire nuit....

En effet, le soleil venait de quitter l'horizon et le bois était déjà très-sombre. Guillaume se recommanda à Dieu pour retrouver son chemin, se mettant à genoux, les mains jointes et priant avec la plus grande ferveur. Le petit se mit à genoux aussi par imitation en répétant avec un accent mêlé de crainte et d'impatience suppliante :

— Allons-nous-en chez nous, mon frère, j'ai faim ! Allons-nous-en.... il fait nuit.... il y a des loups !....

Guillaume ne répondait plus ; son cœur était déchiré. Tout-à-coup, ô lumière du ciel ! Le voilà qui se rappelle le Petit-Poucet. Précisément il était au pied d'un chêne ; vite, vite, il se met à y monter. Quand il fut au faîte, il découvrit tout ce qu'il cherchait depuis si long-temps : son village, les pays voisins qu'il connaissait, l'étang, le moulin, les chemins qu'il avait tant désirés et dont il était tout près ; quel bonheur ! Il descendit de l'arbre avec la vitesse et la légèreté d'un écureuil, reprit son frère sur ses épaules et courut jusqu'à leur logis où il arriva épuisé. Sa mère commençait à être inquiète ; elle allait partir au-devant d'eux. Guillaume lui conta sa mésaventure en pleurant. Elle l'embrassa, lui donna son souper comme à l'ordinaire, et tout fut bientôt oublié.

III.

LA FERMIÈRE.

— Bertrand, faites cuire deux œufs à la coque pour mon déjeûner ; vous donnerez le bouillon aux pauvres.
— Mais, monsieur il ne sera pas trop gras !
— Alors, mettez quatre œufs.

Le lendemain, Guillaume s'éveilla frais, dispos et bien portant. Sa mère l'envoya à deux lieues loin de leur village chez un de ses parents qui était établi marchand d'abats, à la ville, et qui, sachant leur gêne à vivre, venait à leur secours en leur donnant chaque semaine quelque débris de sa marchandise, pour mettre le pot-au-feu. Quelques lecteurs, sans doute, penseront que l'on gagnait bien cela pour l'aller chercher si loin. Mais, ce n'était pas la faute au parent s'il demeurait à la ville, et l'on ne doit jamais mesurer les bienfaits à la distance où l'on va les chercher, quels qu'ils soient.

Quand Guillaume était de retour au logis, on mettait vîte la marmite sur le feu, et ce jour là il y avait fête dans la famille; toute la maison était en joie. L'heure du repas venue, la maman appelait son monde et disait en mettant à la file une demi-douzaine d'écuelles de terre :

— Asseyez-vous, mes petits enfants, et ne faites pas de bruit; nous allons manger de la bonne soupe grasse! les enfants se plaçaient à la hâte; celui-ci se hissant sur une chaise où il pouvait à peine atteindre; celui-là sur un escabeau, un troisième sur le seuil de la porte, un autre à terre et les jambes croisées comme un Turc; puis, deux ou trois dehors sur le banc de pierre, et les père et mère devant la table. Il fallait voir sauter les miettes! tout y passait, absolument, — à moins pourtant que la mère n'eût mis de côté quelques *parties délicates* pour les plus petits, aux repas du lendemain, car on n'a pas pareille aubaine tous les jours!

En rentrant au village avec sa provision, Guillaume rencontra une riche fermière de l'endroit, et il la salua fort poliment.

— Voilà un enfant bien honnête, lui dit-elle. Et chez vous, mon garçon, comment ça va-t-il ?

— Bien, madame ; papa travaille, et maman élève les enfants.

— Eh, combien en avez-vous, à présent ?

— *Nous en avons* six, madame, et moi qui fais sept ; sans compter deux nourrissons de Paris.

— Et vous êtes tous en bonne santé ?

— Comme vous voyez, madame.

Et disant cela Guillaume éguisait ses dents sur un croûton de pain noir, qu'il mangeait du meilleur appétit du monde.

— Il me semble, lui dit la fermière, que tu manges ton pain sec : ce n'est pas trop régalant !

— On ne mange guère non plus pour se régaler, chez nous, répondit Guillaume, facétieux par inadvertance.

La dame le considéra avec sévérité, mais il

était si candide, qu'elle vit bien qu'il n'avait rien dit à malicieuse intention.

— Et d'où viens-tu comme cela? continua-t-elle, curieuse des affaires du pauvre comme toutes les personnes de sa condition, et inconsidérément indiscrète comme le sont tous ceux dont aucun blâme n'ose relever ou redresser la sottise.

— Je reviens de chez notre cousin, répondit l'enfant. Et expliquant le but de son voyage, il montra ce qu'il avait reçu.

— Pouah! fit la fermière, vous mangez cela?

— Oui, madame, et pas tous les jours encore.

— Pas tous les jours! Dieu de Dieu! tiens, viens jusqu'à la ferme que je te fasse un petit présent, moi!

Guillaume suivit la dame qui, en arrivant, lui offrit un fromage.

Il la remercia, fit des excuses de toutes sortes en le refusant, car avant de l'accepter il aurait voulu l'agrément de sa mère.

— Prends donc, prends donc, lui dit la fermière, en lui mettant presque de force le fromage dans son panier, allez-vous pas faire les fiers à présent ! tu diras à ta mère que je l'ai *voulu*, et que j'espère bien que dans huit jours tu viendras encore en chercher un autre. Est-ce qu'il ne faut pas tous s'entr'aider un peu dans ce bas monde.... Ne sommes-nous pas tous des chrétiens?

— Après cette espèce d'admonestation, Guillaume partit en admirant la charité de cette excellente personne. En arrivant chez eux, il remit le fromage à sa mère en lui disant d'où il venait, et la façon dont il l'avait reçu. Sa mère le regarda fixement, sans prononcer une parole, mais avec un air de sévérité et de reproche qui le fit rougir.

— Si vous voulez, mère, je le reporterai.... le fromage, dit Guillaume, en baissant les yeux ; il n'y a pas loin....

La mère restait indécise.

— Après tout, dit-elle, gardons-le. Ton père a travaillé pour eux ; c'est peut-être une restitution, car ils ne le payaient guère.

Et elle se mit à entamer le *cadeau* pour en donner les prémices à Guillaume qu'elle avait chagriné, et qui alors regardait piteusement son pain n'y mordant plus que par espèce de désœuvrement. Mais grande fut la surprise de cette bonne femme. Le fromage examiné n'était point un fromage, c'en était tout au plus la défroque ; quelque chose comme l'ombre ou l'illusion, enfin, les deux croûtes, car pour l'intérieur, il était complètement vide. C'était un fromage coulé dont il n'était plus possible de tirer aucun parti. C'est pour cela que la fermière l'avait destiné à *la bienfaisance*. Il y a bien des gens qui sont charitables ainsi, et qui s'en disent mal récompensées en criant à l'ingratitude. Mais, quoi ! si vous désirez l'amour de vos semblables, commencez donc par les aimer ; si vous voulez voir éclater leur reconnaissance sur votre passage, faites des sacrifices qui vous en rendent dignes : ne leur donnez pas ce que vous alliez jeter.

Les pauvres font profit de tout, s'était dit la fermière, en se faisant un sophisme à elle-même ; il ne faut rien perdre de ce que l'on peut utiliser au soulagement des malheureux....

Elle avait raison, la brave personne. Aux yeux de bien du monde, les pauvres ne doivent pas être plus délicats que les chiens : quand ils manquent de pain, il faut qu'ils puissent manger des ordures.

Quelques jours après ce que nous venons de raconter, Guillaume en rôdant autour de la ferme effaroucha une poule qui semblait vouloir se réfugier dans un buisson touffu où l'on découvrait une espèce de cachette qu'elle y avait pratiquée en grattant la terre.

— Il doit y avoir quelque chose par là, se dit l'enfant.

En effet, en se glissant sous la haie sans tenir compte des épines dont chacune enlevait un lambeau de son vêtement, il parvint à découvrir un nid de six bons gros œufs, qu'y était venue pondre la poule infidèle. Il les mit aussitôt dans le devant de sa blouse et courut les porter à la ferme, présumant bien que la poule devait lui appartenir, et ne voulant, sous aucun prétexte, s'approprier le bien d'autrui.

— A la bonne heure! lui dit la fermière, selon son habitude, à la bonne heure! voilà un enfant bien honnête! j'en ferai compliment à tes parents, mon ami, et s'ils ont besoin de quelques petits services tu peux leur dire qu'ils s'adressent ici de préférence, car, j'aime les honnêtes gens, moi! et je les apprécie.... et je sais répondre à leurs bons procédés.... et quand on agit bien avec moi, on est certain d'être récompensé.

Guillaume se sentait confus de tant de louanges qu'il ne croyait pas avoir méritées, et voulant s'y dérober au plus vite, il fit un salut et se disposa à se retirer, mais la fermière ne le tenait pas quitte.

— Attends donc, mon enfant, lui dit-elle, attends donc, il faut que je te donne quelque chose pour ta peine.

La dame appela une de ses servantes.

— Madelon, allez chercher un *fromage* et donnez-le à cet honnête enfant que voilà ; il nous a rapporté six œufs qu'une de nos poules était allée perdre.

— Oh ! je vous remercie, madame, se hâta de dire Guillaume ; nous en avons encore de l'autre fois....

— Emporte toujours, lui dit la fermière, en lui mettant presque de force son déchet sous le bras : abondance de bien ne nuit pas !

— Oui ! se dit Guillaume en quittant la ferme je crois qu'elle se moque de nous avec son abondance de bien.

De retour au logis, il conta son aventure à sa mère qui finit par en rire en haussant les épaules. Plus tard, Guillaume repassant auprès de la cachette de la poule, s'avisa d'y regarder encore.

Il y avait des œufs en bien plus grand nombre que la première fois.

— Par exemple, dit-il, avec la volonté bien arrêtée de les garder, je les emporte chez nous, tant pis!

Mais, Guillaume avait compté sans sa mère. Celle-ci lui fit des remontrances pleines de sévérité et de justesse, et en même temps de douceur, lui démontrant qu'en quelque circonstance que ce soit il ne faut jamais s'approprier le bien du prochain.

— Tu as fait là une grande faute, mon enfant! lui dit-elle. Quand même tu aurais fait cette trouvaille auprès de notre maison, à notre porte même, il faudrait nous enquérir à qui cela appartient et le rendre.

— Mais, dit Guillaume, quand l'on trouve, pourtant! ce n'est pas voler; je n'ai rien dérobé, moi.... mère, c'était dans la haie....

— Ne répète jamais de pareilles choses, mon enfant, celui qui trouve et qui ne rend pas, fait peut-être pis que le voleur. Il dérobe sans danger, celui-là. Il laisse planer les soupçons sur tout le monde et quelquefois il est cause que l'on jette la pierre à l'innocent. Il faut qu'il soit trompeur et menteur à la fois, qu'il se fasse deux langages et deux figures pour en imposer à ceux qui l'entourent, et pour sourire à ceux qu'il dépouille; il s'avilit par le mensonge et s'habitue à vivre avec le mépris de soi-même, car ce qu'il ne peut pas se dissimuler, c'est qu'il est à la fois un hypocrite et un larron, et que son âme est livrée à deux sœurs du vice : la faiblesse et la turpitude.

— Mère, je vous demande pardon, dit Guillaume, je vois que j'ai mal agi et je sais maintenant combien je suis coupable.

— Demande aussi pardon à Dieu, mon enfant, car toute mauvaise action l'offense.

— Je l'ai déjà fait, mère; et maintenant, faut-il reporter les œufs ?

— Tout de suite.

— Mais la fermière va encore me donner un fromage !

— Eh bien, tu le prendras; il faut bien la débarrasser. Habitue-toi donc à ces choses-là, mon pauvre Guillaume, les mauvais riches t'en feront voir bien d'autres !

L'enfant partit reporter sa capture, mais pour éviter une *récompense* il remit tout à la première servante qu'il rencontra, sans plus s'inquiéter de la maîtresse.

— Vous en êtes donc bien dégoûtés ! lui dit cette fille, en prenant les œufs.

— Oh ! mais non, répondit vivement Guillaume, au contraire ; nous n'en mangeons jamais : c'est trop cher pour nous.

— Eh bien, alors, pourquoi ne les gardez-vous pas ? imbécile !

— Ma mère n'a pas voulu ; elle a dit que ce serait mal agir.

— Elle est folle, ta mère !

Et la servante s'éloigna en laissant Guillaume ébahi au milieu de la cour.

Il s'avisa pourtant de lui dire quand elle ne fut plus à portée de l'entendre :

— Ma mère est une honnête personne, et vous une grande vilaine.... voyez-vous !

Il retournait chez lui, encore une fois, assez mécontent, quand au moment de franchir le seuil de la porte d'entrée, il se trouva face à face avec la fermière.

— Te voilà, petit, lui dit-elle, en souriant avec complaisance. Qu'est-ce que tu as donc apporté ici, tout à l'heure ?

— Madame, j'ai encore apporté des œufs.

— Encore! montre-moi donc un peu où ma poule va *perdre*.

Guillaume lui indiqua le nid du buisson.

— Fort bien, reprit la dame en se frottant les mains d'un air de satisfaction, et dis-moi petit, il y en avait-il beaucoup, aujourd'hui ?

— Oui, madame.

— Combien ?

— Je l'ignore ; je ne les ai pas comptés.

— Y en avait-il de cassés ?

— Non, madame, aucun.

— Et, dans le nid, tu n'en a pas laissé.... par hasard ?

Cette question saugrenue, évidemment inspirée par la défiance, humilia l'enfant et le fit rougir. Il ne répondit plus un mot, il fit un dernier salut et il s'éloigna. Mais la fermière le rappela bien vite :

— Tu t'en vas tout de suite, petit ? tu sais pourtant bien qu'il faut que je te donne quelque chose....

Pour cette fois, Guillaume fit semblant de ne pas entendre et il se mit à courir tant qu'il avait de jambes. Ceci se passait à une époque assez avancée de la belle saison. Dès l'automne qui la suivit, la grand-mère de Guillaume, qui était malade, l'envoya demander à ses parents pour rester auprès d'elle, afin de lui rendre les petits services qu'exigeait son état, et lui tenir compagnie pendant que son mari était absent de la maison. C'était aussi un berger, — tout le monde l'était dans cette famille — et le pauvre vieillard était obligé de quitter chaque jour sa femme malade, pour vaquer aux soins de son troupeau : le travail passe avant tout; il le faut.

Chez les ouvriers, où la vie n'a que de si

rares jouissances, les peines sont encore plus amères que partout ailleurs ; on voit souffrir ce que l'on a de plus cher, ayant au cœur la poignante douleur de ne rien pouvoir pour le soulager; quelquefois, il faut qu'un père travaille ayant sous les yeux son enfant qui vient de mourir !...

Les villes, surtout, offrent souvent le spectacle de ces affreuses tortures. Là, une seule chambre sert souvent d'habitation et d'atelier à toute une famille; quand la mort y passe, quelle que soit la victime qu'elle frappe, ceux qui restent n'ont pas le plus humble des réduits pour s'y recueillir et verser leurs larmes; rien ne peut les dérober aux navrantes atteintes de leur mutuelle affliction.

IV

GUILLAUME GARDE-MALADE DE SA GRAND'MÈRE.

> ..... C'est la nuit, quand aucun bruit ne réveille plus les échos de notre vie agitée, quand le ciel est le plus sombre, et que nulle maison n'a plus de lumière.

Guillaume partit le lendemain de grand matin, mais il y avait loin de chez lui à la demeure de sa grand'mère, et comme le temps était mauvais, il n'y arriva qu'à la tombée du jour. Il trouva la vieille femme toute seule, dans l'obscurité. Elle était assise au coin de son âtre, devant un feu à demi éteint. Il y avait au milieu et presque enfoui dans un amas de cendres, un pot de terre grossièrement façonné, que les gens du pays appellent *geigneux*, où était sa tisane, et qu'elle n'avait pas seulement la force de soulever pour boire, quand elle en avait besoin. Ses pieds étaient nus dans des sabots usés, qui ne les garantissaient pas, et qui, en les laissant à découvert ainsi que les parties inférieures de la jambe, en exagéraient encore la maigreur et les anfractuosités. N'ayant personne pour l'aider à se vêtir, elle s'était enveloppée dans la couverture de son lit pour se garantir du froid, et cet accoutrement lui donnait l'aspect d'un fantôme. Quelque mèches de rares cheveux gris flottaient sur son front chauve qu'elle tenait dans ses deux mains osseuses, longues et décharnées. Son regard brillait, mais dans une fixité effrayante, et ses dents claquaient la fièvre à se briser.

Quand Guillaume entra, la malade voulut se lever pour aller au-devant de lui et l'embrasser, mais elle n'eut pas cette douce satisfaction. Trop faible, elle retomba sur son siège comme sous l'étreinte d'une main invisible qui l'y clouait en la brisant... Enfin son accès se passa ; elle fit un soupir et put parler.

— Te voilà, mon *Fi!* dit-elle à l'enfant, c'est bien heureux pour moi, qu'on laisse depuis si long-temps se consumer et mourir dans l'abandon ! Mais, voudras-tu rester ici, seulement ? avec une pauvre vieille femme malade et si triste, tu vas s'en doute bien t'ennuyer.

— Que non, allez, mère, dit Guillaume, je veux être gai et vous réjouir, au contraire.

— Pauvre enfant, me réjouir !... Et que ferais-tu pour cela ?

— D'abord, tout ce qui vous sera agréable, ensuite tout ce que je pourrai inventer pour vous distraire et vous faire oublier vos chagrins. J'amuse bien tous mes petits frères chez nous, et ma mère aussi, oui ! Quand ils sont tous endormis, qu'il est tard, et qu'elle travaille encore, je reste auprès d'elle, je l'aide quand je peux, ou je lui conte de belles histoires que j'ai apprises dans des livres, et qui l'empêchent de penser au sommeil.

—C'est beau ça, mon *Fi*, d'être bien instruit, de travailler et d'aimer sa mère.... Mais il fait froid ici, pas vrai mon *Fi?* Tu vas aller à la cave chercher un coterêt.

— A la cave, mère!

— Oui, à la cave.

— A la cave, derrière la maison?

—Pardié; tu sais bien que nous n'en n'avons pas d'autre.

— Mais il fait nuit....

— Eh bien, tu allumeras la chandelle.

— Mais si le vent la souffle, mère.... la chandelle!...

— Allons, allons, je vois que tu as peur. Eh bien! soutiens-moi; je vais t'accompagner jusqu'à l'entrée de l'escalier et je te parlerai bien fort en t'éclairant.

Guillaume se laissa conduire. Il descendit à la cave, prit une brassée de bois et remonta avec une vitesse extraordinaire.

— Eh bien! lui dit sa grand'mère, quand il eut tout déposé dans l'âtre, qu'as-tu donc vu d'effrayant à la cave ? te voilà tout bouleversé, on dirait que tu trembles ; hein ?.... qu'est-ce que tu as vu ?

— Rien, mère, je n'ai rien vu, dit Guillaume un peu confus.

— Alors, de quoi as-tu peur quand tu ne vois rien ; que veux-tu qui puisse t'arriver ? S'il y avait eu là quelque mauvaise ou laide bête, quelque chien enragé qui t'eût menacé en hurlant, je comprendrais ta frayeur ; mais rien, rien ! c'est-il raisonnable de s'épouvanter soi-même, dis ?

— Que voulez-vous, mère, c'est plus fort que moi. C'est comme une maladie. Je l'ai gagnée à la *veille* en entendant parler le monde. C'est toujours la même chose, toujours des histoires de revenants à faire frémir et dresser les cheveux. Il y en a qui disent que l'on s'y habitue et que l'on en rit au bout d'un temps ; eh bien non. On écoute, on s'émeut, on a peur ; l'imagination se frappe, et ça reste.

— Quoi ! dit la grand'mère, est-il possible

que l'on s'occupe encore de pareilles niaiseries chez la jeunesse !

— Ce ne sont pas toujours des niaiseries, mère, il y a de ces choses-là qui sont vraies; ceux qui en parlent les ont vues.

— Ah bien oui, il les ont vues ! ce sont d'insignes menteurs, mon *Fi*, ou de vrais imbéciles, crois-le bien. Voyons, toi qui est raisonnable, parle-moi un peu. Est-ce que s'il était au pouvoir d'un seul mort de revenir parmi nous, tous ne le pourraient pas comme lui ! Mais l'on ne verrait que cela depuis que le monde est monde, et d'où vient que je n'en ai jamais vu, moi !.... A ce compte, la terre serait couverte de ces ombres des trépassés, et peut-être même ne serait-elle plus assez vaste pour les contenir toutes, ni le soleil assez éclatant pour les effacer...

—Mais, grand'mère, il n'y a que les méchants qui reviennent, dit Guillaume en interrompant la vieille. C'est parce que leurs péchés ne leur ont pas été remis, et que Dieu refuse d'ouvrir le ciel à leur âme coupable. Ils sont condamnés à errer sur la terre pendant les ténèbres, et à rester sans cesse les témoins invisibles du mal qu'ils ont fait ou des crimes qu'ils ont commis. C'est leur punition, en attendant un châtiment plus terrible.

— Tu nous en contes de belles! et qui vous a dit que ces ombres, ces soi-disants revenants, étaient des coupables plutôt que d'autres? dit la grand'mère aussi surprise que scandalisée.

Cette femme n'était pas sans bon sens, même sans quelques dégrés d'instruction, mais elle ignorait qu'il y a des limites où l'enseignement moral s'arrête, et où, chez le peuple exempt de lumière, une superstition quelquefois le remplace en continuant ce que ses préceptes ont de plus salutaire. Alors cette superstition n'a rien d'absurde ni de nuisible, elle n'offense pas la vérité; elle marche à côté d'elle sans jamais vouloir prendre sa place, et toujours prête à lui rendre le faible ascendant que l'erreur lui laisse sur le cœur de l'homme.

Voici ce que Guillaume répondit à sa grand'mère :

— On reconnaît l'arbre à ses fruits ; c'est à leur méchanceté persévérante ou à leurs lamentations éternelles que l'on reconnaît ces coupables. Il y en a qui continuent à faire du mal, il y en a d'autres qui pleurent leurs péchés. Quand ils apparaissent auprès des châteaux, ce sont des riches qui ont été orgueilleux et durs, ou des pauvres plus coupables encore qui furent envieux et sans charité. Les uns ont pour supplice cette horreur du néant qui les entoure, les autres, la vue de ces biens qu'ils ont convoités toute leur vie, et dont la mort les sépare à jamais.

Il y a aussi des prêtres qui reviennent derrière les murs des presbytères, à minuit quand tout est sombre ; ils se cachent, ils fuient à l'aspect des vivants, on dirait que la lumière les brûle tant ils font d'effort pour s'y dérober.

C'est parce qu'ils ont scandalisé les hommes ; c'est parce qu'au lieu d'aimer les pauvres et les faibles, comme Jésus, ils les ont abandonnés, pour jouir, comme des publicains, pour s'engraisser de leur dépouille, pour faire cause commune avec les maîtres qui les exploitent et les puissants qui les oppriment, c'est parce qu'ils n'ont ni compris, ni aimé, ni pratiqué la loi de l'Évangile, qui leur ordonne d'être humbles, doux, miséricordieux et purs. C'est parce qu'au lieu de répandre la parole de Dieu à pleines mains, comme une bonne semence, ils l'ont mesurée avec usure, n'en donnant en quelque sorte qu'à ceux qui peuvent la payer; c'est parce qu'ils ont fait profit des choses les plus saintes, en les affichant à la porte du temple, en les vendant à l'encan comme une marchandise de bazar.

— Heureusement, dit la grand'mère fort étonnée du babil de l'enfant, heureusement, mon fils, ces gens-là sont rares.

— Pas tant, mère. On en connaît beaucoup !... Et puis, il y en a encore d'autres qui reviennent....

— Vraiment? ah mon Dieu !

— Oui, ce sont les avares qui cachent leur blé pendant la famine ;

Les débauchés qui passent dans les fêtes, des jours qu'ils devraient donner au travail, et qui dorment, quand ils sont repus, sans souci des maux de leur prochain, et des misères de leur famille.

Ce sont de mauvaises mères qui abandonnent leurs petits enfants, par calcul, paresse ou indifférence ; qui les privent du lait maternel, en les envoyant tout nouveaux-nés mourir loin de leurs yeux dans une maison étrangère ; quelquefois sur les chemins avant d'y arriver....

— Dis-donc ! mon Guillaume, interrompit la vieille malade, ce n'est pas dans nos villages au moins, que l'on voit cela ! Si pauvre que l'on soit, ce n'est pas chez nous que l'on irait livrer la vie de ses petits enfants aux soins sordides d'un main mercenaire ; il n'y a que la ville où l'on puisse le faire, et, pour comble de malheur, le faire sans scrupule et sans remords ! Pitié, mon Dieu! pitié! Croire qu'un peu d'argent puisse remplacer l'amour d'une mère! Avoir de banales excuses pour se tranquilliser, et oser dire que l'on aime son enfant quand on l'abandonne, et que l'on est riche surtout! Ces riches! cela n'a le courage de rien ; pas seulement de remplir des devoirs dont les animaux donnent l'exemple. Cela trompe tout, ceux qui les servent, comme ceux qui les aiment ; cela trompe la nature ; cela trompe son petit enfant! Pourvu que nos ouvrières ne les imitent pas, un jour! mais elles le font déjà pour la plupart ; l'exemple les perd; le sentiment maternel les abandonne aussi! tout s'en va! il leur faut de belles robes comme aux dames, des tailles bien fines, et, nourrir, cela gâte la taille !... Personne ne leur a donc dit que la plus belle parure d'une femme c'est son dévoûment pour sa famille? personne ne leur a donc enseigné ce que c'est qu'être mère! je sais bien qu'elles vont répondre : « Nous travaillons, » mais la nourrice aussi travaille! Puis :

« Nous payons; nous n'abandonnons pas nos enfants. » Non, vous vous en débarrassez ! ah ! l'on est trop loin du bon Dieu dans les villes ; on n'a peur de rien. On ne *revient* pas là ! n'est-ce pas, mon Guillaume ?

— Mais si, mère, on revient, reprit l'enfant, avec candeur : c'est encore pis qu'au village à ce qu'on dit.

Il y a là des médecins qui se sont divertis au lieu de s'instruire, et qui par ignorance ont tué leurs malades qu'ils devaient guérir.

Il y a les soldats qui ont prêté leurs armes à tous les pouvoirs ; et qui, après l'avoir trahie, ont égorgé la liberté qu'ils devaient défendre.

Il y a les ambitieux qui n'ont adoré que la gloire, et qui pour suivre ce fantôme trompeur auraient marché sur le ventre de leur mère.

Il y a les magistrats qui ont fait servir les lois à grossir leur fortune, et qui mettent des faux poids dans la balance de la justice.

Il y a les gardiens de la morale publique qui

se sont ri de leur devoir et qui l'ont outragée au milieu de la foule.

Il y a les hypocrites qui font afficher dans les rues les mémoires de leur bienfaisance, qui ont sans cesse à la bouche des mots de compassion et de charité, et qui dépouillent les pauvres en faisant semblant de les assister.

Il y a les écrivains qui vendent leur talent à celui qui les paie le plus cher, et qui, au lieu de se faire les guides du peuple qui les écoute, s'en font les complaisants et les corrupteurs.

Il y a des docteurs qui poussent l'humanité dans des voies perverses et qui font de la chaire où ils enseignent, le tabernacle de l'impiété.

Il y a des philosophes qui, au lieu de suivre et de propager les lumières de l'Evangile, bâtissent par orgueil des systèmes funestes et travaillent dans l'ombre à étouffer les saines traditions....

— Ah! mon *Fi*, mon *Fi!* dit la vieille en interrompant Guillaume, tu parles là de bien des choses que nous ne connaissons guère.

— Je répète ce que l'on disait à la *veille*, mère, ni plus, ni moins reprit l'enfant.

— Et qui donc parlait comme cela, chez vous ?

— C'est un ouvrier qui travaille à la bâtisse et que l'on appelait le Compagnon du devoir.

— Ah ! un étranger ?

— Non, mère, un homme du pays qui voyage en travaillant.

Ici la conversation de la vieille malade et de son petit-fils fut interrompue par l'arrivée du grand père qui revenait de la bergerie.

— M'apportes-tu quelque chose, lui dit sa femme ; je suis bien faible.

— Oui, répondit le bonhomme, en tâchant de sourire, je t'ai acheté une livre de sucre, et ma bourgeoise t'envoie un peu de lait.

— Je ne mangerai rien, va ! j'ai eu trop de fièvre aujourd'hui. Donne le lait au petit.... Et toi, avec quoi vas-tu souper.... Il y a des pommes de terre dans les cendres....

— C'est assez pour moi, dit le vieux berger.

— Et tes chiens ? ajouta sa femme.

— Ils ont ce qui leur faut ; sois tranquille.

La malade se mit au lit sans plus tarder, et Guillaume soupa avec son grand père, refusant d'accepter le lait qu'on lui offrait en disant que ce serait pour sa grand'mère, le lendemain.

On lui fit un lit à terre avec une botte de paille et un sac à farine, où il s'endormit tranquille et heureux, doucement bercé par le bruit du vent au dehors, et plus près de lui par la chanson des grillons domestiques, ces hôtes du foyer rustique, si nombreux, si gais et si bruyants.

V

POSITION CRITIQUE DE GUILLAUME.

— Prenez garde, elle est folle!

Le lendemain, quand Guillaume se réveilla, ce fut au bruit inusité que fit le médecin de l'endroit en venant rendre une visite à la malade.

Il recommanda plusieurs médicaments dont il laissa l'ordonnance, et qu'il fallut aller chercher à la ville, ce qui fit que Guillaume resta dehors une grande partie de cette journée là. A son retour, il trouva sa pauvre grand'mère au coin du feu comme elle avait coutume d'y être; mais au lieu de s'en approcher avec la confiance et l'affection qu'il lui avait témoignées la veille, il usait, alors, de mille prétextes pour s'en tenir éloigné. Notre ami Guillaume avait bien des motifs pour agir ainsi. Un voisin qu'il avait rencontré venait de lui dire que sa grand' mère était folle....

— Je t'attendais, mon *Fi,* lui dit la pauvre femme dès qu'il fut de retour, donne-moi vite à boire, et regarde sur le papier ce qu'il faut que je prenne avec ma tisanne. Je suis plus malade qu'hier....

Pour comble de malheur, la grand'mère ajouta :

— J'ai depuis ce matin un mal de tête *fou.* Si cela dure, je suis capable de déraisonner.

Guillaume exécuta tant bien que mal ce qu'elle venait de lui commander, et se mit au loin, dans le coin le plus obscur et le plus retiré de la maison, ne bougeant pas, ne disant mot, cherchant à s'effacer le plus possible pour faire oublier qu'il était là. Mais au contraire, sa grand'mère faisait tous ses efforts pour l'attirer à elle.

— Tu ne parles pas? mon *Fi*, disait-elle. As-tu faim?

— Non, mère....

— Es-tu fatigué?

— Non, mère....

— Comme tu sembles triste. Tu n'es pas malade, au moins?

— Non, mère.... je ne suis pas malade....

— Eh bien, alors, viens ça ici, comme hier, et amuse-nous un peu avec tes contes.

— Je n'en sais plus, de contes, mère...

— Viens ça ici tout de même; se sera à mon tour. C'est que tu ne sais pas que nous allons rester seuls aujourd'hui! ton papa a de l'ouvrage à la ferme pour toute la nuit.... C'est comme un fait exprès : le troupeau, la femme, tout va mal à la fois....

A ces mots, les craintes de Guillaume redoublèrent, il ne respirait plus; il n'osait faire un pas.

— Pauvre enfant! ajouta la vieille, te voilà comme j'étais à ton âge; j'avais une grand'mère aussi qui était malade et que j'étais venue soigner comme tu es venu près de moi. Mais, je n'étais pas bien tranquille avec elle. Pauvre femme! elle était folle! Quand son mal la prenait, je n'osais plus approcher d'elle, parce qu'elle ne me reconnaissait pas. Il y avait des jours où elle voulait mettre le feu à la maison, et, une fois, m'ayant appelée auprès d'elle pour que je l'embrasse, au lieu de m'embrasser elle me mordit.... Elle m'aimait bien pourtant, pauvre chère femme!

Guillaume n'entendait plus rien, son cœur battait avec violence, le sang lui remontait à la tête et bruissait dans ses oreilles comme l'eau d'un torrent débordé.

— Est-ce que tu dors mon *Fi?* lui dit sa grand'mère, assez haut, et avec un accent marqué d'impatience fébrile.

—Non, mère, se hâta de répondre Guillaume.

— Allons, je vois que tu t'ennuies; va nous

chercher un livre, dans l'armoire, sur la planche du milieu... à gauche.

— Lequel voulez-vous, mère. Il y en a deux.

— Celui où le nom est dessus : *Racine.*
L'enfant lui remit le livre.

— C'est ça *qu'est* beau, dit la bonne vieille en frappant de petits coups avec deux de ses doigts sur la reliure du grand tragique, c'est ça *qu'est* beau! mon *Fi.* Tu vas nous lire une tragédie, pas vrai?

— Je ne pourrai peut-être pas, mère, une tragédie!... je n'en ai jamais lu; je ne sais pas ce que c'est.

— Ouvre le livre, tu vas voir.

Guillaume tourna les premiers feuillets et lut : — *Les Plaideurs.*

— C'est une comédie cela, dit la grand' mère.

— Oui, dit Guillaume, *Les Plaideurs, comédie en trois actes.*

— Comprends-tu, à présent?

— Oui mère; les plaideurs, ce sont de mauvaises gens qui se disputent devant des juges et qui dépensent tout leur argent sans jamais pouvoir s'accommoder.

— C'est ça mon *Fi:* bien, dit la vieille.

— Il y en avait deux, ajouta l'enfant, qui ont été au tribunal pour le partage d'une huître qu'ils avaient trouvée. Le juge a avalé l'huître devant eux, et il leur a donné à chacun une coquille.

— Là! ils ont été bien avancés après cela!

— Ils eurent la satisfaction des envieux et des méchants, dit l'enfant, celle de faire du mal aux autres, au risque de le partager avec eux. Au lieu de cela, maman m'a toujours dit que quand on trouvait quelque chose à deux, il valait mieux donner de bon cœur sa part à son voisin que de ne rien avoir ni l'un, ni l'autre.

— C'est ça, mon *Fi*. Celui qui cède est généreux; celui qui accepte profite, et tout le monde est content; et le bon accord s'en suit toujours.... Donne-moi encore à boire. Je sens la fièvre qui me revient ; il va falloir que je me remette au lit. Allume la chandelle, le temps que je vais dormir un peu.

Quand la vieille se fut couchée, elle resta plus d'une demi-heure sans proférer une parole. Guillaume crut qu'elle était endormie et il se tranquillisa un peu ; il essaya même de lire quelques pages pour combattre le sommeil qu'il ne pouvait plus maîtriser. Mais, tout-à-coup, voilà la grand'mère qui s'agite dans son lit et qui crie comme si quelque chose l'étouffait :

— Au secours ! au secours ! à moi ! à moi ! La rivière déborde ; sauvons-nous, sauvons-nous.... ah, mon Dieu ! ah, mon Dieu !

Tout le sang de Guillaume se figea dans ses veines. Il voulut se rapprocher de la lumière et en la saisissant avec trop de précipitation, il la renversa et l'éteignit ; l'obscurité redoubla sa frayeur. Cependant, la grand'mère ne bougeait plus. Tout était de nouveau silencieux et tranquille autour de lui. Il se hasarda de faire quelques pas pour reprendre sa place au coin de la cheminée, mais, autre objet de terreur! en avançant, il écrasa la patte du chat qui dormait auprès de l'âtre et qui fit un cri effroyable en bondissant dans la maison. Guillaume faillit se trouver mal et se laissa tomber, anéanti, sur une chaise qu'il avait saisie et dont il ne pouvait plus se détacher. Au bout de quelques instants, des larmes s'échappèrent de ses yeux, et il se sentit soulagé, sans pourtant être moins inquiet.

On était alors en novembre, la soirée était froide et triste. Un vent tempêtueux soufflait au dehors et ébranlait les chaumières; il faisait craquer au loin les branchages des arbres qui bordent les chemins, et les dernières feuilles qu'il en détachait venaient s'abattre sur les vitres de la croisée, avec un petit grincement sec et monotone que Guillaume écoutait sans inquiétude et qui pourtant, le faisait tressaillir. Tant d'émotions diverses, jointes à la fatigue de sa journée, avaient bien abattu le pauvre enfant. Peu à peu le sommeil le gagna tout-à-fait, et il commençait à ronfler d'importance quand sa grand'mère l'appela d'une voix inquiète.

— Guillaume? Guillaume? es-tu là, mon enfant? réponds-moi!....

Guillaume répondit en tremblant :

— Oui, mère.... je suis là.

— Mais tu n'as pas de lumière? Le feu est mort aussi.... Il est donc bien tard!... Tu dois être gelé, d'un temps pareil! viens te reposer un peu à côté de moi, ça te réchauffera.

Et, comme Guillaume ne bougeait pas la vieille ajouta :

— Viens donc, mon enfant! tu veux donc me faire de la peine....

Guillaume prit enfin place sur le lit, mais en tremblant de tous ses membres, tant l'histoire de la grand'mère folle et de sa morsure l'avait impressionné et lui causait de terreur.

— Pauvre enfant! comme il a froid! disait la bonne vieille, en ôtant toutes ses hardes de dessus elle pour le couvrir. Là, là! il est morfondu, quoi!... Es-tu bien, mon enfant, à présent?

— Oui, mère.... répondit Guillaume à demi étouffé.

— Peux-tu dormir?

— Oui, mère....

— As-tu prié Dieu?

— Je l'ai prié, mère.

— Allons, bonne nuit, mon petit garçon : viens m'embrasser....

Ce dernier mot fit dresser les cheveux à Guillaume; et il s'enfonça précipitamment dans la ruelle du lit pour échapper à cette embrassade funeste qu'il avait tant appréhendée.

— Tu vas tomber, mon enfant, dit la vieille, en l'attirant doucement à elle; par ici, par ici. Puis elle lui donna un baiser affectueux sans lui faire aucun mal....

Après tant de traverses Guillaume s'endormit et il n'eut plus jamais peur de sa grand' mère avec laquelle il resta jusqu'à la fin de sa maladie.

VI

GUILLAUME A LA CARRIÈRE. — LE JOUR DE PAIE.
— LA MENDIANTE.

> Les gueux, les gueux
> Sont des gens heureux,
> . . . .
> Vivent les gueux !
> BÉRANGER.
> — Depuis que j'ai une vache tout le monde me donne le bonjour.
> FRANKLIN.
> — Au voleur !... au voleur !..

Quand Guillaume fut de retour chez ses parents, on lui dit que beaucoup d'enfants des villages voisins travaillaient à l'extraction des terres d'une nouvelle carrière de silex que l'on venait exploiter aux environs du pays, qu'il y avait du mal à avoir, mais que l'on gagnait beaucoup d'argent. Plus ses frères et sœurs grandissaient, plus la nécessité se mon-

trait rigoureuse et cruelle dans sa famille;
car il y a loin de l'âge où l'on quitte le maillot
à celui où l'on peut commencer à travailler,
quoique ce soit sitôt chez le pauvre monde.
Guillaume le vit, et résolut, lui aussi, d'aller
gagner de l'argent à la carrière. Il fit tout de
suite part de sa pensée à sa mère, ou plutôt de
sa résolution.

— Mon pauvre enfant! tu es trop chétif, lui
dit la bonne femme, en le considérant avec un
regard de compassion et de tendresse; on ne
voudra jamais de toi!

— Nous verrons bien, se dit l'enfant, et dès
le lendemain, suivant son projet, il se dirigea
vers l'exploitation qui se trouvait dans un lieu
très-retiré, assez loin de son village, à l'extrémité des grands bois.

Arrivé là, il vit une multitude d'ouvriers en
pleine activité, sans pouvoir discerner quel
était parmi eux, celui qui les commandait. Ne
sachant auquel il devait s'adresser pour demander de l'ouvrage, il se décida à aborder ceux

qui se trouvaient le plus près de lui. C'étaient des hommes juchés sur de frêles échafaudages superposés, qui étaient occupés à puiser de l'eau, ainsi montée du fond de la carrière, à l'aide de ces bascules primitives qu'on ne rencontre plus guère aujourd'hui, qu'en Orient, aux abords des grands puits bibliques.

Il se faisait un tel bruit autour de ces hommes, avec leurs bascules criantes, sur leurs planches mal assises, au milieu de ce déluge d'eau transvasée, qu'ils n'entendirent pas un mot de la question qu'il leur fit. Il y en eut même un qui le prit pour un curieux importun, car il lui ordonna brutalement de s'éloigner. Cette réception n'était pas trop encourageante. C'est égal, il ne faut pas se rebuter aux premiers obstacles. Guillaume descendit quelques pas de plus dans la carrière, par le chemin incliné qui en indiquait l'ouverture, car, bien que ces carrières soient toutes à ciel ouvert, elles sont quelquefois si profondes que l'on ne peut y descendre que par un labyrinthe de zig-zags infinis. Le premier homme qu'il y rencontra, était seul, occupé à rouler un bloc de pierre énorme, au moyen d'un lourd cric en fer qu'il pouvait à peine faire mouvoir, quand il fallait le changer de place, et tellement absorbé dans la fatigue et les dangers de sa tâche pénible, qu'il ne vit pas Guillaume le saluer à plusieurs reprises, et pourtant l'enfant était tout près de lui. Guillaume hasarda de lui parler :

— Monsieur....

Mais, sans lui laisser le temps d'en dire d'avantage, l'homme se retourna et avec un geste brusque et impératif lui fit signe de se retirer.

Allons jusqu'au bout, se dit l'enfant désapointé, nous verrons. Il descendit encore et rencontra deux ouvriers qui piochaient la terre. Ces deux hommes étaient à moitié nus, comme des nègres, ils travaillaient sans se donner le temps de lever les yeux ; leurs corps était décharnés, velus et ruisselants de sueur. Avant que Guillaume leur eût adressé la parole, il y en avait déjà un qui lui avait jeté une pelletée de terre dans les jambes, en disant :

— Houst ! hors d'ici ; qu'est-ce qu'il vient chercher, donc, ce gringalet-là !

— Mon Dieu ! se dit l'enfant, comme ils sont durs ! est-ce que c'est du monde comme nous ?

Puis en se hâtant de s'éloigner, il descendit encore, encore jusqu'à ce qu'il fût enfin au milieu de tous les travailleurs. Là, il s'adressa de nouveau, et non sans quelque crainte, à l'un de ceux qui chargeaient la terre sur le dos des enfans, dont chacun portait une petite hotte qu'il fallait monter pleine au dehors, jusqu'au faîte d'un monticule qui, de cette profondeur où on le voyait, semblait parfois toucher les nuages. Guillaume remarqua que tous ces enfants étaient très-alertes, plus grands, et sans doute plus forts que lui.

— Regarde, lui dit le chargeur, en lui désignant les enfants, est-ce que tu tiendrais bien tête à ces compagnons-là ?

— S'il le fallait, je ferais mon possible, dit

Guillaume, j'ai déjà travaillé ; je sais ce que c'est.

— Quel malheur ! fit l'homme, en haussant les épaules, et d'un ton demi pitoyable et demi ironique ; oui, tu ferais de fameuse besogne !.. Quel malheur ! va-t-en voir, là haut, le surveillant, tu lui demanderas s'il veut de toi ; il en est bien capable.... quel malheur !

— Pouvez-vous me dire à quel endroit je trouverai le surveillant, là haut, dit Guillaume, désirant cette fois, se renseigner exactement.

— Tu le trouveras à l'ombre, sous quelque chêne ; il vient de déjeûner, il fait son somme par là ; réveille-le : as pas peur.

— Comment se nomme-t-il ? demanda encore Guillaume.

— Voidecoin, Monsieur Voidecoin, allons marche....

Et le travailleur se remit à sa besogne en répétant encore : — Quel malheur !

— Voilà un brave homme qui a bien du chagrin, dit Guillaume se méprenant sur la valeur de cette exclamation, qui n'était chez l'ouvrier que l'expression de la pitié que sa faiblesse lui inspirait. Puis il se hâta de quitter la carrière pour aller à la recherche du fameux surveillant.

Voidecoin, Voidecoin, répétait-il intérieurement, en rôdant autour du grand trou ; Voidecoin, Voidecoin, drôle de nom ; il ne faut pas que je l'oublie.

Et il visitait tous les chênes l'un après l'autre sans rien trouver ; ce qui commença à l'inquiéter assez fortement, et à lui faire suspecter la bonne foi et les intentions de celui qui l'avait renseigné, sans pour cela discontinuer son investigation. Il marcha encore pendant cinq minutes, de côté et d'autre, et, en s'enfonçant un peu plus dans le taillis, il entendit bientôt comme un froissement sur les feuilles sèches, accompagné d'un soupir formidable. Cela le fit tressaillir. Il avança pourtant du côté du bruit, et il vit un homme endormi sur un véritable lit de mousse entouré de beaux genêts fleuris, et à l'ombre d'un magnifique buisson d'églantier.

Le dormeur avait mit un large chapeau de paille sur son visage, ce qui empêchait Guillaume de discerner sa physionomie et de s'assurer si véritablement cet homme était livré au sommeil. Ce qu'il y avait de certain, c'est qu'il avait fait un copieux déjeûner; on pouvait en juger par les débris qui jonchaient la terre à ses deux côtés, et par deux grandes bouteilles vides, dont l'une était restée entre ses jambes, en témoignage des bons services qu'elle lui avait rendus.

— Est-ce lui? se dit Guillaume en butte aux atteintes du doute et de la perplexité. Puis il prononça timidement le nom du surveillant, ayant soin de s'en tenir à distance respectueuse : Monsieur Voidecoin?

L'homme qui ronflait déjà, ronfla encore plus fort ; on aurait dit que sa respiration était tirée des profondeurs d'une caverne. Guillaume réitéra son interjection en élevant un peu plus la voix :

— Monsieur Voidecoin!!

— Rien; l'homme ne bougea pas plus que

les chênes sous lesquels on l'avait tant cherché.

Il faudra bien qu'il se réveille, dit Guillaume, et il se mit à marcher en choquant exprès les cailloux pour faire du bruit, en sifflant tant qu'il avait de vent, en toussant tant qu'il avait de voix. Enfin, l'homme gardant toujours l'attitude du sommeil, Guillaume à bout de stratagème, résolut de l'éveiller; mais au moment où il se baissait près de lui avec l'intention de lui toucher légèrement l'épaule, voilà celui-ci qui se redresse brusquement en saisissant sa bouteille, comme s'il avait craint qu'on voulût lui prendre, et qui apostrophe notre ami Guillaume avec une voix rude et d'une façon peu rassurante.

— Qu'est-ce que tu viens faire ici, toi, vagabond! à roder comme cela depuis une heure autour de mon panier? Est-ce que tu crois que je ne te voyais pas? Est-ce que tu crois que je ne connais pas vos tours? Va-t-en donc voir un peu sur la grand'route si j'y suis...

— Monsieur, dit Guillaume se confondant en

excuses, monsieur, je ne suis pas un vagabond : ma mère demeure au Brouteau, un petit pays ici contre, et je venais vous demander à travailler avec vous à la carrière.

— Toi! dit M. Voidecoin en radoucissant sa voix, car c'était lui ; le lecteur le devine.

— Oui, Monsieur, moi.

— Va donc dire à ta mère qu'elle t'envoie à l'école, mon garçon, cela vaudra mieux.

— Monsieur, je sais lire il y a long-temps ; à présent il faut que je travaille.

— Toi ! tu sais lire, bigre! et il y a long-temps, oh! Quel âge as-tu donc?

— Monsieur j'ai onze ans....

— Tu rougis ; tu triches, dit le surveillant.

Guillaume s'était en effet vieilli avec intention ; il se grandissait, même, tant qu'il pouvait en prostestant de sa force, de son courage, de sa bonne volonté.

— C'est bon, c'est bon, lui dit M. Voidecoin. à qui son manége n'échappait point: ne te hausse pas tant, remets tes pieds dans tes sabots ; je vois que tu as envie de bien faire, cela suffit : tu viendras demain....

Guillaume respira comme s'il fût sorti de dessous une montagne.

De son côté, M. Voidecoin donna un coup-d'œil à sa bouteille, et soupira aussi ; hélas ! — on se rappelle qu'elle était vide. — Puis il rappela Guillaume :

— Tu sais l'heure, pour demain ?

— Oui, Monsieur, cinq heures du matin.

— C'est cela. A cinq heures ici, et du nerf ; rappelle-t-en bien !

Monsieur Voidecoin se recoucha et Guillaume courut annoncer la bonne nouvelle à sa mère.

Le lendemain, il était un des premiers à l'ouvrage. On lui donna une hotte, il mit les bretelles à sa taille ; on le chargea à son tour, il suivit les autres, à la file, et il porta, comme eux, son fardeau sans broncher. Avant neuf heures il avait déjà fait connaissance avec ses nouveaux compagnons, qui n'étaient pas ce que l'on pouvait trouver de meilleur dans le pays, et qui lui firent, dès les premiers jours, quelques espiègleries de leur façon ; — comme de lui détacher une bretelle, quand il avait sa charge sur le dos, pour le faire verser au milieu du chemin ; comme de lui donner un croc-en-jambe dans la descente la plus rapide, ou de lui faire faire la culbute avec sa hotte quand il la vidait, au risque de lui casser le cou. Du reste, il en recevait aussi quelques bons offices de temps en temps : on lui montrait la manière de se tenir pour alléger le fardeau, on lui nattait un coussin de jonc pour mettre sur ses reins, à l'endroit ou la hotte aurait pu les écorcher ; on lui apprenait quel était le gain de la journée, l'endroit où se faisait la paie, et le jour, le bienheureux jour où l'on allait, tous ensemble, la recevoir. C'était à la fin de chaque mois, et l'on gagnait quatorze sous par jour ; quatorze sous, c'est beau ! Oui, c'est beau! se répétait Guillaume. Il y a des hommes qui labourent la terre depuis le matin jusqu'au soir, et qui, quelquefois, n'en gagnent pas tant.....

L'enfant put résister aux fatigues de la première semaine, et elle se passa sans nouveaux accidents pour lui. Le temps était beau; l'air était vif, frais et pur. On avait deux heures de repos au milieu du jour, pendant lesquelles on pouvait faire un somme sur l'herbe tiède et odorante des bois. Guillaume en profitait en se mettant au milieu des hommes pour être tranquille. Quand il ne dormait pas, il en faisant semblant, et se laissait aller à rêver en écoutant chanter les oiseaux. Les autres enfants formaient un groupe très-bruyant et très-animé à quelque distance : ils s'égayaient au lieu de se reposer, et cherchaient dans des plaisanteries parfois naïves et spirituelles, parfois un peu vertes aussi, un oubli pour toutes leurs misères. Il leur arrivait souvent, par exemple, en ouvrant leur sac aux comestibles, de se demander en riant, et mutuellement, des nouvelles de leur maigre pitance, en s'interpellant par des surnoms burlesques dont les ouvriers les avaient presque tous gratifiés.

— Qu'est-ce que tu as avec ton pain, aujourd'hui? Bouriquatre, disait l'un.

— Des fèves, répondait celui-ci.

— Oh! des fèves! Eh! les autres, gare la bombe, Bouriquatre a des fèves.

— Et toi, Marquis?

— Des noix.

— Je retiens les plumes!

— Et toi, Berlue?

— J'ai un hareng.

— Berlue, prend garde aux arêtes!

— Et toi, Grain-de-Sel?

— Des radis!!

— Il faut manger ça chaud, mon mignon.

— Et toi, Bouffe-Tout?

— Rien!...

— C'est capable de te figer sur le cœur; — ses parents ont toujours peur qu'il étouffe.

— Et toi, Charles-Dix?

— Un oignon.

— Un oignon! pauvre Charles-Dix! ça fait pleurer...

— Tu vois bien que je pleure aussi, disait l'autre en s'essuyant les yeux et en pelant piteusement son légume potager.

— Voyons, qu'est-ce qui a encore quelque chose de bon à nous montrer ici ?

— Toi, Tête-de-Bois ?

— Présent ! du fromage mou.

— On voit bien que ta mère a des poules !

— Et toi, Ducroquet ?

— De la grillade !

— Oh !... depuis quand ? vous avez donc été à la noce ?

— Et Muselé, la-bas ; tu ne dis rien, Muselé ?

— J'avais deux poires, je les ai mangées en venant.

— C'était peut-être crainte de les perdre ?

— Au tour à Gribouri ; qu'est-ce que tu manges, Gribouri !

— Des pommes de terre ; tu le vois bien.

— Dis donc des oranges : en voilà un paour !

— Vol-au-Vent, à présent qu'est-ce que tu manges, Vol-au-Vent ?

— De la farce ; tu n'en auras pas.

— Je n'aurai pas de farce ? En v'là une bêtise !

— Et Coco ?

Ma mère était partie aux champs....

— Coco ! votre mère n'est pas sage, Coco !

Ainsi se divertissaient ces garnements, et ils pouffaient des éclats de rire à égayer un cimetière. Quelquefois aussi, ils se chamaillaient; maints horions étaient échangés, maints visages portaient les traces de la guerre ; mais cela n'empêchait personne de retourner au travail en chantant. Le travail était pourtant bien pénible, la hotte bien lourde. Quand Guillaume revenait, le soir, à la maison, il lui semblait encore porter son fardeau, et ses pieds frappaient la terre si pesamment que cela lui engourdissait les jambes jusque dans les aines. Pour se rendre compte de ce qu'il éprouvait il faut avoir passé par là; il faut avoir été écrasé pendant douze heures sous le poids d'un fardeau qui fait manquer le cœur à chaque pas et qui coupe la respiration à chaque minute. Il y a des enfants nés dans une condition si heureuse, que pendant tout leur jeune âge ils n'ont que les soucis de l'étude, et ils se plaignent. O heureux enfants ! venez voir vos frères pauvres, comparez votre sort au leur, et vous vous trouverez dans le Paradis..... Ce sont eux qui travaillent pour vous nourrir ; c'est avec le produit de leurs sueurs, que l'on vous achète de beaux habits et de beaux livres.

Plus tard, quand vous serez des hommes les uns et les autres, quand vous sortirez glorieux du collége pour monter à une condition brillante dans le monde, il seront encore dans leur condition obscure. Vous serez leurs maîtres, alors vous dominerez ces pauvres souffre-douleurs que Dieu créa vos égaux, que sa bonté vous ordonne d'aimer et que des méchants vous diront de craindre. Ne les écoutez jamais ! Pardonnez aux pauvres leurs misères pour qu'ils vous pardonnent vos prospérités ; ne leur montrez jamais de dédain ils ne vous montreront jamais de haine. Celui qui lit dans les cœurs ne les juge point aux vêtements qui les couvre : c'est la conduite et l'utilité de l'homme qui font sa dignité, aujourd'hui. Le diamant peut briller et réfléchir les feux du ciel, mais il est moins utile à nos besoins que l'épi de blé penché sur les sillons et à moitié enfoui dans la terre.

Nous avons dit que Guillaume avait pu résister aux fatigues de la première semaine. Les suivantes, le temps se mit à la pluie et presque toutes les nuits la carrière était inondée. Quand on portait des argiles ou d'autres terres légères cela allait encore, mais quand on arrivait à des bancs de sable ainsi imbibés de pluie cela devenait lourd comme du plomb, et les enfants avaient plus de mal que des nègres. Les chemins, déjà bien étroits, se dégradaient par endroit et laissaient à peine de quoi mettre un pied pour le passage ; à des places ils effondraient sous eux ; à d'autres, ils étaient lisses et glissants comme des miroirs ; il fallait quitter sa chaussure, se cramponner des pieds et des mains, pour mon ter, quelquefois mordre, littéralement, la terre. Quand malheureusement on avait reculé d'un pas, c'était fini, il fallait tout descendre en se labourant les genoux, les mains et le visage. Les autres vous regardaient vous relever tout souillé, tout meurtri, et cela les faisait rire.... Tant qu'il n'y avait pas de membres de cassés, on disait toujours : ce n'est rien, il n'y a pas de mal.

Guillaume fit plusieurs de ces chutes, et, à une dernière, la secousse fut si violente qu'il en resta sous le coup. Un ouvrier accourut le ramasser et le remit doucement sur ses jambes en disant toujours :

— Ce n'est rien, ce n'est rien ; il n'y a pas de mal.

— Pas de mal ! dit Guillaume quand il put parler, en montrant, dans sa main, une dent qu'il avait de brisée, et cela !

— C'est une dent ? dit l'homme : une dent ; il n'y a pas de mal, cela repousse.... Et puis, va ! quand elle ne repousserait pas, tu en auras toujours assez pour manger ce que tu gagnes !

Tant de fatigues, de douleurs et de peines finirent par ébranler la santé du faible enfant. Plusieurs fois il se coucha sans pouvoir souper, et le lendemain il tremblait la fièvre. Il se gardait bien, pourtant, d'en rien dire à sa mère, car s'il eût manqué un jour à la carrière, tous ses camarades l'auraient amèrement raillé à son retour. Puis, la paie arrivait. Le désir d'apporter chez eux un *gros sac d'argent*, de compter tout cela sur les genoux de sa mère en disant : c'est moi qui l'ai gagné ! enflammait Guillaume d'un courage à toute épreuve. Il ne put pourtant pas aller jusque là. Un matin, sa mère ne le voyant pas descendre, monta, toute inquiète, dans la chambre où il couchait...

— Guillaume, fit-elle, mon enfant, peux-tu te lever, il est l'heure...

— Oui, mère, répondit l'enfant, tout de suite.

Puis, s'étant habillé sans rien dire, il partit. A peine à une vingtaine de pas de leur maison, il se sentit faible, faible ; ses yeux s'obscurcirent :

il crut voir les arbres se renverser et la terre trembler sous ses pas ; il fut obligé de s'adosser à une muraille pour ne pas tomber à la renverse. Sa mère, qui le suivait des yeux, en pleurant presque de le voir dans un état pareil, accourut à son secours.

— Quoi! lui dit-elle, tu es donc malade, mon Guillaume? et tu ne te plains pas! va, tu n'y retourneras plus : c'est trop dûr pour toi!

— C'était le dernier jour.... répondit l'enfant... je croyais pouvoir aller jusqu'au bout!

Il se remit au lit jusqu'au lendemain qui était un dimanche, et, le jour de paie tant désiré. Ayant commencé son travail dans le courant de la première quinzaine il n'avait à compter que vingt-deux jours dans son mois. Vingt-deux jours à quatorze sous! quinze francs et huit sous à recevoir! Il fallait aller toucher cela à la ville, au bureau du propriétaire de la carrière, que l'on appelait le *Grand-chef*, et que les ouvriers n'avaient l'honneur de voir que ce jour-là. Guillaume ne sentant plus rien de son indisposition de la veille, fit sa toilette de bon matin, et partit au rendez-vous qu'il connaissait d'avance, s'en étant bien renseigné mille fois. Les ouvriers restaient à la porte, et on les appelait chacun à leur tour au bureau ; après les hommes venaient les enfants; le tour de Guillaume arriva.

— Voilà notre grenadier, dit en riant M. Voidecoin, au *Grand-chef*.

— Combien de jours? fit ce dernier en jetant sur l'enfant, un regard indifférent et froid.

— Vingt-deux jours dit le surveillant.

— Il est trop faible, ajouta le maître avec nonchalance et en se caressant la barbe, nous mettrons soixante centimes, et on ne le reprendra pas....

— Tant mieux, dit Guillaume en lui même ; ma mère ne veut pas de vous non plus.

Pendant cet aparté le maître faisait une addition, puis il compta quelque piles de sous, et dit à Guillaume :

— Voilà, jeune homme ! c'est votre compte ; allez, treize francs !

L'enfant se hâta de mettre toute cette monnaie dans un sac dont il s'était muni, et qu'il ficela soigneusement ; puis, donnant une poignée de main à tous ses camarades, il leur fit ses adieux, et regagna le chemin qui devait le conduire à la maison paternelle. Il ne faut pas demander s'il était heureux. Tout était musique à ses oreilles, tout était félicité dans son cœur ; il ne marchait pas, il volait.

Nos impressions changent avec les sentiments qui les font naître : quand le bonheur nous possède, il nous rend confiant et léger comme lui.

Guillaume cheminait, tenant son précieux sac sous son bras. Crainte d'accident, il le dissimulait même autant que possible sous sa blouse. Ce n'est pas qu'il craignît les voleurs, mais il se disait avec raison, que quand on est le gardien d'un objet qui peut tenter certaines convoitises, il n'est pas toujours prudent de l'étaler aux regards de tout le monde. Arrivé à l'extrémité de la ville et tout près d'en sortir, il vit une nouvelle boutique de vitrier où il y avait en montre de *superbes* batailles de Napoléon. C'étaient des enluminures à quatre sous pièces, bien faites pour éveiller l'étonnement et l'admiration; il y avait-là des chevaux bleus, des hommes verts, des nuages rouges, et Napoléon en avant, toujours, avec son petit chapeau, sa redingote grise, sa grande épée.... jamais on n'avait rien vu de si beau! Guillaume en restait en extase. Voilà que sans s'être aperçu qu'on le suivait, il entend quelqu'un tout près de lui, exhaler un profond soupir. Il se retourne, il voit une pauvre vieille femme infirme, appuyée sur deux béquilles, qui lui tendait la main, en baissant les yeux; ému, il se hâte de dénouer son sac et lui donne une belle pièce de deux sous. Et, se félicitant intérieurement, il disait : J'ai bien fait de m'arrêter ici; cela m'a donné l'occasion de faire la charité à quelqu'un qui le mérite.

Il regarda encore un peu les *grandes batailles*.

— On n'a pas tous les jours un spectacle pareil. Il ne pouvait pas s'en arracher. Enfin, il se remit en marche plus vite que jamais, pour rattraper le temps perdu. Il n'y avait pas dix minutes qu'il était sur la route, qu'il vit venir droit à lui, en se traînant encore sur des béquilles, une vieille femme, toute semblable à celle qu'il avait déjà assistée. Il voulait l'éviter, mais elle lui barra en quelque sorte le passage en lui disant d'une voix lamentable :

— La p'tite charité.... pour l'amour de Dieu !.... s'il vous plaît !....

— Mais, dit Guillaume, il me semble que je vous ai donné tout-à-l'heure, au sortir de la ville.

— Hélas ! mon cher Monsieur, hélas !.... Ça n'est pas moi.... bien sûr.... mon petit cher monsieur, hélas !

— Guillaume attendri, sans être convaincu, fouilla de nouveau à son sac et donna encore un décime à la vieille. Celle-ci, au lieu de le remercier, après avoir empoché la pièce avec une dextérité singulière, lui tendit de nouveau sa main crochue, amaigrie et tremblante :

— Vous ne me donnez que cela, mon cher Monsieur, que cela !... moi qui meurs de faim ! Il y a quatre jours que je n'ai mangé ; quatre grands mortels jours, mon cher Monsieur !...

— Hum ! fit Guillaume, avec l'accent d'un doute très-prononcé, quatre jours !...

— Quand je dis quatre jours, reprit la vieille, ne cessant pas d'alonger son grand bras et sa main crispée, fixant sur Guillaume un véritable regard de basilic, vous comprenez, on mange ce que l'on peut, ce que l'on ramasse par-ci, par-là ; pas grand'chose allez ! les pauvres sont si dénués... et les riches sont si durs !

— Je ne suis pas riche, moi, dit Guillaume piteusement. Et obsédé, il tira encore une pièce de son sac, mais cette fois, ce fut à regret, et seulement pour se débarrasser.

Il y avait loin de la ville à son village. Quand il eut bien marché, il regarda devant et derrière lui, à droite et à gauche pour voir s'il ne venait personne, et quand il se fut assuré qu'il était bien seul et bien isolé, il descendit dans un fossé plein d'herbe, qui bordait le chemin, pour se reposer un moment, et aussi, il faut le dire, mû par le secret désir de regarder encore son argent et de le compter avant de rentrer chez lui. Cette diminution qu'on lui avait faite, ces aumônes qu'il avait distribuées, embrouillaient sa mémoire et l'empêchaient de savoir au juste de quelle somme il était possesseur. Il mit donc tout son avoir devant lui, sur sa blouse, et se mit à compter ses sous tranquillement en les remettant à mesure, un à un dans son sac. Il n'était pas à la moitié de cette opération, qui l'absorbait au point de lui faire oublier l'univers, quand la vieille mendiante se retrouva tout-à-coup devant lui, tout près, sur la marge même du fossé où il s'était accroupi. Jamais avare, surpris sur son coffre-fort, par des larrons, n'eut un saisissement pareil à celui qu'éprouva Guillaume.

— Quel bonheur que j'ai de vous retrouver !

lui dit la vieille, avec un accent de voix qui le fit trembler, quel bonheur pour moi ! mon p'tit cher Monsieur : j'ai encore faim !!... j'ai acheté du pain, là-bas, à cette auberge, tout à l'heure, mais, il est si cher, le pain ; on ne m'en a donné qu'un brin. A présent, je crois que j'ai encore plus faim qu'avant.... Depuis quatre jours, quatre grand jours que je n'ai pas mangé !...

Guillaume répondit en défaillant :

— Que voulez-vous? je ne peux pas vous donner tout mon argent, moi! mes parents en ont besoin aussi....

Et sans se donner le temps de remettre tous les sous dans son sac, il releva sa blouse devant lui en se disposant à fuir au plus vite.

— Je ne vous demande rien, mon p'tit cher Monsieur, reprit la mendiante, d'une voix aigre qu'elle s'efforçait de rendre caressante, je ne vous demande plus rien du tout..! du tout... Seigneur de Dieu! si tout le monde était comme vous, seulement ! — Tiens, vous allez par là ?

moi aussi; nous allons faire route ensemble.

— Oh! dit Guillaume, qui s'était détourné espérant échapper à cette espèce de furie, vous ne pourrez pas me suivre, — et il courait presque.

— Que si dà! reprit la vieille, semblant voler sur ses deux béquilles, et en effleurant les talons de son compagnon épouvanté

Guillaume ne respirait plus.

— C'est lourd, hein ? tant d'argent, lui disait le vieux démon en soufflant à ses oreilles. Si nous remettions tout dans votre sac.... je vous aiderais à le porter....

Cette proposition de la vieille ; l'air surtout dont elle était faite firent dresser les cheveux à Guillaume. Il se jeta en désespéré dans un chemin de traverse, pour échapper à cette insupportable persécution, mais la vieille l'y suivit encore en disant :

— C'est mon chemin aussi, à moi, mon cher Monsieur, c'est mon chemin aussi ; je vais par là comme vous; tout droit, tout droit.... Le malencontreux chemin que Guillaume avait pris, les conduisait dans un bois épais: il s'en aperçut trop tard, en recommandant son âme à Dieu. Dès qu'ils y furent entrés, la vieille et lui, celle-ci agriffa la manche de sa blouse en disant sourdement :

— Il faut nous reposer ici, mon p'tit Monsieur.

— Oui, oui... dit Guillaume pantelant, et croyant sa dernière heure arrivée.

En faisant un faux-pas la vieille le lâcha, il le sentit et se mit à fuir en criant de toutes ses forces :

— A moi! à moi! à moi!...

Il n'en pouvait plus. Des bûcherons qui se trouvaient-là, par hasard, sortirent d'un fourré en lui demandant ce qui lui causait tant de frayeur. Guillaume, en fuyant toujours, leur montrait le chemin avec des yeux égarés, en disant :

— C'est... c'est... c'est...

— Quoi donc? dirent les deux hommes.

Il se retourna, la mendiante était disparue !

Enfin, il put regagner la maison paternelle, et, en voyant sa mère heureuse, il oublia peu à peu l'horrible vieille et la journée orageuse qu'il avait traversée.

VII

CHEZ LES ANGLAIS.

> — On n'a jamais vu chose pareille?
> — Vous vous trompez, cela arrive tous les jours.

Au moment où l'on s'y attendait le moins dans la famille de Guillaume, on reçut une lettre d'une sienne tante, concierge d'un hôtel à Paris, annonçant qu'elle venait de trouver pour lui une condition *superbe!* Elle entendait par là une place de groom, chez une famille anglaise. Vite, vite, on met Guillaume en voiture, il part, il arrive chez sa parente.

— Oh! qu'il est petit, s'écrie la bonne femme, en le voyant: Milord est capable de ne pas en vouloir.... qu'est-ce que nous ferons de toi, mon pauvre enfant; ta mère nous avait dit que tu étais si fort !

Guillaume était rayonnant de se voir à Paris, et le voilà déjà qui a peur de ne pouvoir se rendre utile; il se vieillit, comme à la carrière, il gonfle sa voix, il se redresse, il marche sur la pointe des pieds. Ce n'est pas que la condition qu'il avait espéré le tente infiniment. Sans avoir encore été en service, il connaît les humiliations que subissent les pauvres domestiques; il a lu la fable du chien et du loup, il apprécie la liberté; mais sa famille compte sur son courage, et il est prêt pour elle à tous les genres de sacrifices.

— C'est toi qui vas nous rendre heureux, mon Guillaume, lui a dit sa mère quand il est parti; tu vas servir un milord! un milord c'est ça qu'est riche!

Rien ne reluit comme ce mot là dans l'imagination de nos pauvres campagnards; il leur semble que celui qui porte un tel nom a le Pérou dans ses poches et que l'on devient riche rien qu'en approchant de lui. Hélas! si l'on savait ce que vaut le titre et d'où vient la richesse, on rirait de l'un et l'on aurait horreur de l'autre.... Mais, ce n'est pas ici le lieu d'en parler. Tout le monde sait d'ailleurs, quel régime industriel pèse sur l'Angleterre, et que, là, pour qu'un privilégié puisse jouir, il faut que dix familles malheureuses meurent de faim. Les uns regorgent de superfluités, les autres mangent des orties, travaillent comme des chevaux, meurent comme des chiens, et l'on appelle leur pays la Grande-Bretagne.

C'était un de ces privilégiés que Guillaume allait avoir pour maître, milord Buw-dock-Fosscrane était son nom; nom que Guillaume ne put jamais bien prononcer et qu'il traduisit toujours par Bouldogue-faux-Crâne, tout le temps qu'il resta à son service.

Cet Anglais était venu en France pour rétablir sa fortune que le jeu et les vices avaient fortement endommagée. Après avoir passé la majeure partie de sa vie dans toutes les superfluités du luxe et de l'abondance, il ne lui restait que cinquante francs à dépenser par jour. Que faire avec cela! comment vivre avec si peu de chose.... et sa fille lui demandait un groom, encore! Pauvre homme qu'il était malheureux! Enfin, on lui présenta Guillaume et il offrit pour lui, à sa tante. deux cents francs de gages par année. Ce fut marché passé. La tante se retira et laissa Guillaume seul, face à face avec son nouveau maître, qui lui demanda de suite, en lui appuyant une main de plomb sur l'épaule :

— Vos être forte ?
— Oui, milord.
— Vos être instruite ?
— Oui, milord.
— Lisez moa ce petite inscriptionne.

Et disant ces mots, l'Anglais présentait une carte de visite à Guillaume, où son titre et ses noms étaient imprimés en lettres gothiques, avec une profusion d'ornements qui en effaçaient presque la forme calligraphique.

Guillaume trouvait ces caractères indéchiffrables; il tâchait d'épeler, il devenait rouge, il se mordait les lèvres, de grosses gouttes de sueur s'amassaient sur son front. L'Anglais s'impatientait visiblement, il frappait du pied sur le parquet et répétait incessamment : — Ho! ho! ho!

— Ho! ho! répétait Guillaume en lui-même, vilain rouge, va! de me donner à lire un gribouillage pareil! Et l'Anglais perdant tout à fait patience demanda encore avec un accent interrogatif plus marqué :

— Vos être instruite?

— Oui, milord, répondit encore Guillaume.

Et fesant un effort suprême, il parvint à lire : Milord Bouldogue-faux-Crâne.

— Vos, avez un movais prononciationne, dit l'Anglais, et il recommença ses questions :

— Vos, savoir monter à cheval?

— Non, milord.

— Vos, pas savoir monter à cheval?

— Non, milord.

—-Hom! hom!! vos, savoir lé service intériour?

— Non, milord.

— Vos, pas savoir lé service intériour?.... Oh! oh! alors, j'ai pas besoin de vos, allez, allez!

Et le milord montrait la porte à Guillaume, qui restait là, décontenancé et confus. Mais tout à coup la maîtresse de la maison et sa fille entrèrent précipitamment, attirées sans doute par la dernière exclamation dont le maître venait de faire retentir les murs.

— Quel est cette mendiante, qu'on laisse entrer chez moa, dit à son tour la *miloresse,* en ouvrant la porte avec violence, et en faisant signe à Guillaume de fuir au plus vite. Mais le milord s'interposa en disant quelques mots anglais à cette furieuse, et la jeune fille prit Guillaume par la main en disant à sa mère : Milady, c'est mon groom. Alors, la scène changea, tous les visages se radoucirent et Guillaume vit que désormais il faisait partie de la maison.

Dès le lendemain vint un tailleur qui l'affubla

d'un costume absurde qu'on lui dit être à la mode pour tous les serviteurs de sa condition. Ce costume se composait d'une culotte de velours noir ; d'une longue paire de guêtres en drap, de couleur fauve ; d'un gilet de soie jaune, à gros boutons bombés, rabatant sur les hanches ; d'une redingote même couleur que les guêtres et lui tombant jusque sur les talons ; d'un chapeau galonné, aux bords relevé par quatre filets d'or, et à la cocarde noire, figurant une comète. Ceci était le costume de ville. Il y avait en outre le costume du matin ou d'intérieur, tout rouge des pieds à la tête. Dans le premier, Guillaume ressemblait à un singe ; dans le second, on l'aurait pris pour un homard. Pauvre enfant ! à peine s'il osait se mouvoir dans cet accoutrement ridicule ; son cœur se gonflait malgré lui devant l'amer sentiment de sa misère. Tout le monde riait autour de lui pendant qu'il dévorait ses larmes. On lui fait des compliments ironiques qui le blessaient jusqu'au fond de l'âme, et il était obligé d'affecter une humeur joyeuse, de répondre aux sarcasmes avec douceur et bonhomie comme s'il y avait été insensible et comme s'il se fût senti libre et heureux... Mon Dieu! disait-il quand il restait un instant à lui-même, mon Dieu! donnez-moi le courage de porter cette chaîne : vous savez que c'est pour donner du pain à ma famille; vous savez que c'est pour aider à élever mes frères qui sont petits et faibles et qui ne peuvent pas encore travailler.

La condition de Guillaume avait des formes multiples dans cette maison étrangère. Il était tour à tour le serviteur du palfrenier, de la cuisinière, de la femme de chambre, de Monsieur, de Madame, de Mademoiselle, d'un chien, d'un chat et d'un perroquet. Tout cela à l'exception de la demoiselle et des animaux, ne semblait vivre que pour boire et manger — pour boire surtout. — La femme de chambre, toute jeune qu'elle était, savait faire raison à la cuisinière; le palfrenier ne sortait pas du cabaret; au dîner milady s'endormait sur la table; quelquefois

milord glissait dessous... et vogue la galère!
Parmi les serviteurs c'était à qui se déchargerait de sa besogne sur Guillaume, qui n'en pouvait mais, et qui regrettait sa chaumière à toute heure du jour. Tous ces biberons, dans le fond, n'étaient pourtant pas de mauvaises gens, et ils savaient le récompenser de son zèle, soit par quelques réciprocités à l'endroit des exigences de son service personnel, soit par quelques menues pièces de monnaie dont ils le gratifiaient et qu'il mettait de côté, en pensant à sa mère, avec les soins et la sollicitude d'un avare. Chaque matin, Guillaume était sur pied de bonne heure, donnant l'avoine aux chevaux, appropriant l'écurie, cirant les harnais, balayant la cour ; puis, cela fait, il montait à la cuisine donner ses soins aux casseroles, à la vaisselle, aux apprêts de différents mets. qui devaient composer le déjeûner. Outre cela il fallait frotter les escaliers et le petit salon, faire une multitude de secrets messages à la femme de chambre, qui se piquait de supé-

riorité à l'exercice du style épistolaire ; mener le chien à la promenade, faire le lit du chat et divertir le perroquet, — oiseau braillard, sale, méchant, et dont, à cette époque, les gens *comme il faut,* avaient tous la manie, qu'ils ont reportée depuis, qui sur un singe, qui sur un ours, qui sur un nègre, selon l'excentricité de leurs goûts et de leurs sympathies humanitaires et philantropiques.

Vraiment, Guillaume avait de quoi se trémousser ! et la première semaine, il en perdait la tête. Mais peu à peu il se rompit à ce nouveau métier ; l'habitude le lui rendit plus facile, et, le bonheur qu'il avait parfois d'accompagner sa jeune maîtresse à la promenade lui faisait oublier les fatigues et les mille contrariétés qu'il éprouvait à la servir. Cette jeune personne était une grande et belle fille de seize ans, pleine de modestie, de délicatesse et de bonté ; elle était blanche, blonde, gaie, et si douce à ses inférieurs que Guillaume aurait voulu rester près d'elle toute sa vie. Malheureusement cette jeune personne ne sortait que très-rarement à pied, et c'est seulement là qu'il pouvait être seul auprès d'elle. Jamais cette aimable jeune fille ne l'avait traité avec l'air impérieux de ses père et mère; elle donnait ses ordres comme une invitation amicale, et ses reproches, quand elle en faisait, étaient toujours sans aigreur et comme les avertissements de la bienveillance et de la bonté. Dans les appartements, quand Guillaume la saluait au passage, elle lui répondait par un sourire en lui touchant doucement la joue du bout de ses doigts blancs et frais, délicats et parfumés. Aussi il l'aimait! il se serait jeté dans le feu pour elle; et la servir, lui semblait aussi bon et aussi naturel, que si elle eût été sa mère ou sa sœur. La plupart des gens riches se font haïr par leurs serviteurs et ils en sont les victimes de mille et mille manières, quoiqu'ils fassent ; si plus humains, ils voulaient s'en faire aimer, ils n'en recevraient que de bons offices, du respect et de la reconnaissance. Les hommes sont toujours sensibles, au bien qu'on leur fait. Et, mettrait-on cela en doute, il vaut encore mieux faire des ingrats que des malheureux, surtout en se faisant tort à soi-même.

Un jour, Guillaume accompagnait sa maîtresse, dans une de ses promenades du matin, à travers les arbres des Champs-Elysées. Il marchait derrière elle, à quelques pas de distance et faisant les plus beaux châteaux en Espagne qu'il soit possible d'imaginer. Tantôt, il se voyait de retour à son village, riche, heureux, considéré : il achetait une chaumière à sa mère; il voyait tous ses frères et sœurs rayonnants autour de lui. Sa belle maîtresse ne le quittait pas; il l'emmenait visiter les grands bois solitaires, les prairies éblouissantes où pâturent des troupeaux paisibles, les petits sentiers de la vallée que des buissons bordent et parfument, où les oiseaux font leurs nids et où les violettes tapissent la terre ; et puis mille petites fontaines mystérieuses d'où s'échappent des ruisseaux limpides qui vont en serpentant se perdre dans la plaine, et dont les eaux qui fuient, chantent doucement en se cachant sous les fleurs.... D'autres fois, il se reportait au temps des vieux châteaux, des braves chevaliers et des gais troubadours ; faisant de sa maîtresse une poétique châtelaine du moyen-âge, et de lui le petit page confident de ses intimes pensées, et dépositaire des plus doux épanchements de son ame..... La rêverie le transportait jusqu'au septième ciel, mais, hélas! ses pieds touchaient encore la terre, et son accoutrement grotesque prêtait souvent à rire aux passants. Naïf enfant ! ses pures et saintes affections lui tenaient lieu de tout en ce monde. Là, où d'autres n'auraient senti que les sujétions importunes d'une condition servile, il savait se créer des félicités suprêmes, et pour les goûter dans leur plénitude, il lui suffisait d'écouter les secrètes aspirations de son cœur.

Pendant que notre bon Guillaume se laissait ainsi aller à ses illusions bienfaisantes, une cruelle humiliation l'attendait. Suivant toujours sa maîtresse, ils arrivèrent près d'une maison en construction dont les ouvriers, en prenant leur repas, se reposaient un moment aux rayons du soleil. C'était un groupe joyeux et animé, plein de santé et de vigueur, qui faisait plaisir à voir au milieu de sa bruyante agitation et des explosions de sa gaîté folle. Deux de ces ouvriers, détachés du groupe, se promenaient de long en large et jetaient de temps en temps des regards narquois sur Guillaume, qui l'indisposaient infiniment, et auxquels il se serait dérobé bien vite s'il n'avait pas tenu en laisse le chien de sa maîtresse, — beau chien de Terre neuve, plus fort et plus grand que lui. — Les deux ouvriers se mirent à suivre Guillaume et son chien. Tout-à-coup en voilà un qui se plante devant lui, et qui s'écrie en élevant ses grands bras d'une façon théâtrale :

— Oh! les deux belles bêtes !!!

Guillaume se retourna brusquement croyant qu'il s'agissait de quelque chose derrière lui.... mais il n'y avait rien, rien absolument, et il vit bien vite que c'était à son chien que l'on venait de l'assimiler. Guillaume traita l'ouvrier de *grand stupide*, mais tous les autres se mirent à le huer et à rire jusqu'à ce qu'il eût rejoint sa maîtresse, qui, elle aussi, riait de ce qui venait de lui arriver... Elle aussi! Guillaume en pleura.

Une autre fois sa maîtresse l'emmèna chez un gaînier où elle allait faire quelques petites emplettes et lui ordonna de l'attendre en face des fenêtres des ateliers. Ces fenêtres étaient ouvertes et l'on voyait travailler là une demi-douzaine d'apprentis vifs et éveillés comme tous les enfans de Paris, quand on les laisse librement donner cours à leur malicieux naturel. Guillaume se promenait timidement le long de ces fenêtres n'osant autant dire lever les yeux, ni regarder devant lui de peur de s'attirer quelques lardons de ces espiègles. Malgré sa prudence il ne put pourtant pas y échapper. Au moment où il s'y attendait le moins, toc! voilà un caillou qui lui arrive par derrière, juste au milieu de sa coiffure. Il se retourne, celui qui lui avait jeté cela le salue :

— Monsieur, voulez-vous me vendre votre chapeau ?...

Il fait quelques pas de plus sans rien dire, un autre caillou lui arrive sur les mollets :

— Monsieur, voulez-vous me vendre vos guêtres ?

Puis un autre caillou le suit encore plus loin :

— Monsieur, voulez-vous me prêter votre cocarde ?

Et c'est à qui lui dira la sienne :

— Voulez-vous m'indiquer votre tailleur ?

— Voulez-vous m'apprendre votre industrie ?

— Faut-il quelqu'un pour porter votre parapluie ?

— Êtes-vous de Pontoise ?

— Avez-vous besoin d'une voiture ?

Pour cette fois, Guillaume se rappela la mésaventure qu'il avait éprouvée avec le chien, et il ne voulut pas jouer le même rôle. Alors il s'avança résolument devant ces lutins, se mit à rire avec eux et leur dit :

— Mes camarades, vous n'êtes pas braves : six contre un ! et encore vous savez que je ne suis pas libre de vous répondre, ni que je ne suis pas dans mon pays ! Chez nous, il y en a aussi qui aiment à faire des niches aux passants, mais c'est quand ils savent que l'on peut leur rendre la pareille. Guerre pour guerre, malice pour malice ; c'est à qui mieux mieux et chacun à son tour. Mais moi, où sont mes avantages ? que puis-je vous faire ? nombreux comme vous l'êtes et à l'abri derrière vos murs…. Vous me narguez parce que je suis domestique : est-ce ma faute ? c'est un état triste et avilissant, j'en conviens, mais ceux qui le font n'en sont que plus à plaindre. Croyez-vous que j'aie eu un choix pour le prendre ? croyez-vous que je n'aimerais pas mieux avoir comme vous un métier distingué, être considéré, respecté, libre comme vous l'êtes, que de porter cette livrée ridicule qui m'attire le mépris et la honte ? Allez ! je n'ai jamais eu peur de travailler, je suis aussi fier que vous et j'ai du cœur autant que vous pouvez en avoir ; mais ma famille est malheureuse et je fais comme je peux pour manger du pain !

— Tiens ! dit le premier des apprentis qui l'avait attaqué, en se retournant vers les autres : il est bon *zigue,* tout de même. Une poignée de main, mon vieux ! — Et tous les apprentis serrèrent tour-à-tour la main de Guillaume avec effusion comme s'ils eussent été de vrais amis.

Les choses allaient à merveille. On faisait connaissance, on parlait chacun de son pays, on échangeait des promesses d'amitié..... Mais voilà un contre-maître qui arrive sournoisement, avec une sangle en main, et qui frappe à tort à travers sur les apprentis en les traitant de fainéants, et en les accablant d'injures si grossières que l'on ne peut même pas les répéter. Guillaume aurait eu beau jeu de rire à son tour, mais son cœur se serra de pitié.

— Ah ! se dit-il, ils sont encore plus malheureux que moi ! je subis les humiliations de la servitude, mais je ne suis pas en butte aux violences d'une brute pareille ; et, si l'on me traité avec peu d'égard chez mes maîtres, du moins, je n'y suis pas battu comme un chien.

Nous montrerons bientôt, en suivant toujours Guillaume dans les diverses situations de sa vie, qu'en effet, l'apprentissage réduit la plupart de nos enfants aux dernières horreurs des misères humaines : l'esclavage antique n'a rien qui étonne ni qui fasse horreur devant les souffrances et les ignominies qu'on leur fait subir. Si plus tard, devenus ouvriers, des talens leur procurent quelque indépendance et quelque considération, nul ne sait combien ils les ont payé cher; nul ne sait combien ces faibles avantages leur ont coûté de sang et de larmes, de tortures et de sacrifices.

En énumérant les diverses fonctions de Guillaume, nous avions omis celle qu'il trouvait la plus ingrate et la plus difficile à accomplir. Voici ce que c'était. A certaines heures de la matinée, il devait se tenir dans l'antichambre pour ouvrir les portes, annoncer les visiteurs, accorder ou refuser l'entrée selon les ordres qu'il avait reçus. Quand c'était un *Monsieur* ou une

Dame qui demandaient Milord ou Milady, on les avertissait par un coup de sonnette, et l'on faisait passer les visiteurs au salon. Mais quand c'était un *homme* ou une *femme* on ne devait expressément déranger personne ; on laissait-là les visiteurs s'ils voulaient attendre, et même on était libre de leur jeter la porte au nez, au cas où l'on en aurait eu la fantaisie.

— Un *Monsieur* et une *Dame*, avait-on dit au petit groom, cela se reconnaît tout de suite : à la douceur du langage, à l'élégance de la tenue, à la distinction des manières, etc. Un *homme* et une *femme* sont tout autres; on en est frappé au premier coup-d'œil : cela parle haut, cela a les mains rouges, de grandes oreilles, des yeux ronds, des cheveux mal peignés, un attifement ridicule.

— Bien, s'était dit Guillaume, en soi-même, je ne m'y tromperai pas ; je ne laisserai entrer que ceux qui auront de beaux habits.

Les premiers jours, par bonheur pour lui, il ne vint que de rares visiteurs, habitués de la maison qui en connaissaient la règle et qui d'eux-mêmes passaient au salon sans rien dire. Il en vint quelques autres aussi, mais qu'il était facile de reconnaître pour des *hommes*, ceux-là : un épicier, un marchand de vin, un grainetier, un cordonnier, et d'autres fournisseurs encore. Tous ces gens-là tenaient à la main leurs billets de créance et se faisaient deviner par leur réserve, leur patience, leur humilité. Ils ne demandaient pas mieux que d'attendre, soit dans l'antichambre, soit sur le pallier quand il le fallait, trouvant toute déconsidération indifférente pourvu que cela rapporte de l'argent : quand on veut devenir riche il faut se rompre à tout et ne jamais trouver que cela coûte trop cher. Du reste ces braves gens ont le privilége de se ratrapper sur leurs inférieurs, et ils en usent largement chez eux tous les jours. Ainsi va le monde! C'est une hiérarchie de mépris où chacun aspire au rang suprême et où le dernier placé trouve encore au-dessous de lui quelque chose à dédaigner et à faire souffrir....

Hommes insensés ! quand chercherez-vous le bonheur dans les douces prévenances d'une affection fraternelle, au lieu d'obéir ainsi aux suggestions de l'orgueil en démence ou aux mauvais instincts de vos cœurs dénaturés !

Un mois s'était passé, tout un mois ! et malgré ses études physiologiques, Guillaume gardait son inexpérience. Tous les jours il tombait dans d'atroces bévues. D'abord il prit une tireuse de carte pour une princesse, et ensuite, une noble marquise pour une coureuse des rues. Une autre fois, il traitait un agent d'assurance comme un ministre, — vu son porte-feuille, — et un Monsieur très-considérable, comme un croquant, — vu sa blême physionomie. Tout cela lui faisait avoir bien des reproches, essuyer bien des injures.

— Stoupide ! disait l'anglais, et ses yeux lui sortaient de la tête.

— Sotte, sotte ! disait l'anglaise, et elle faisait une grimace effroyable.

— Roustique ! reprenait l'anglais.

— Boutor ! disait encore l'anglaise ; oh ! oh ! oh ! Boutor.... je vous mettre demain dehors ; oui demain, tout de souite !...

En ces moments critiques, Guillaume aurait voulu rentrer sous terre. Mais la douce fille des deux furieux s'interposait pour apaiser leur colère et elle avait toujours quelque bonne parole pour consoler Guillaume quand ses parents n'étaient plus là. C'était sa providence, il ne l'implorait jamais en vain. Cependant elle ne put détourner de lui son mauvais sort, ni le sauver d'une grande catastrophe....

Un malheureux jour, on sonne encore. Il va ouvrir, c'était une marchande de modes, vêtue avec la dernière élégance.

— Que désire madame ? lui dit Guillaume.

La modiste répond avec assurance qu'elle est attendue par milady et il la laissa entrer. Il y avait déjà plusieurs personnes au salon, personnes de distinction et de très-haut rang, fine fleur d'aristocratie anglaise, infatuée de ses prééminences, fière de ses titres, stupide d'orgueil. La modiste ne perd pas son temps ; elle cherche de suite à commercer avec ces insulaires qui sont on ne peut plus scandalisés de se trouver en la compagnie de cette femme impertinente, surtout quand ils la voient s'asseoir sans façon sur le sopha à côté d'eux. Milady arrive, ils se plaignent, on appelle Guillaume et cela fait encore une scène épouvantable. Pourtant, se disait-il celle-ci avait une belle toilette !... Comme nous l'avons dit, la marchande de mode était vêtue avec goût, et dans le siècle où nous vivons elle aurait pu donner le ton à une duchesse. Elle portait un frais chapeau, une robe de tulle, des souliers de velours ; une écharpe de barége flottait négligemment sur ses rondes épaules et ses petites mains étaient renfermées dans une paire de gants de dentelle noire au travers desquels on voyait briller un diamant sur de beaux doigts. Que faut-il de plus pour avoir l'air d'une dame ?

Mais, ce n'est pas tout : une heure après ce que nous venons de raconter, une voiture s'arrête à la porte de la rue ; on monte lourdement l'escalier, on sonne ; Guillaume se sent venir la chair de poule.... il ouvre : c'était un *homme*, cette fois, un gros homme à la face violacée, aux oreilles exubérantes, aux yeux ternes, à la mine ébahie. Il était vêtu de gros drap, il portait une casquette de cuir à large visière, des souliers ferrés, des gants de peau de daim et une valise sous son bras.

— Que voulez-vous? lui demande Guillaume.

— Milord Buw-Dock-Fosscrane jé voulé voar. répond l'homme, en poussant la porte.

— Voir milord ! dit Guillaume, et il repoussa l'étranger dehors, bien certain cette fois que son discernement n'est pas en défaut, et qu'il ne courait aucun risque d'une réprimande.

Mais voilà l'homme qui frappe à tout effondrer, qui tempête, qui jure, qui secoue la sonnette à la rompre... Tout ce bruit attire le monde. Milord demande ce que cela signifie. Guillaume s'explique ; il est tout glorieux d'avoir éconduit ce malotru. Mais milord ne l'écoute pas ; il ouvre la porte, il fait une exclamation de joie et de surprise, il se jette dans les bras de l'étranger..... C'était son frère !

Guillaume n'en attendit pas davantage. Le lecteur doit le voir courir. Après tant de tribulations, il ne se retouva bien en sureté qu'en se voyant au milieu de sa famille.

VIII

L'APPRENTISSAGE.

> ..... Tout ce qui brille n'est pas or.
>
> Vous dites que vous aimez vos frères ? Eh ! que feriez-vous donc si vous les haïssiez !....
> LAMMENAIS.

La vanité est un de ces vices de l'esprit d'autant plus pernicieux et tenaces, que ceux qui en sont affectés sont les seuls à ne pas les voir, — comme ces infirmes qui, usant d'artifice pour cacher leur difformité, la croient disparue parce qu'ils la dissimulent. Il y a des vaniteux de tous les âges, dans tous les pays et dans toutes les conditions. Les plus insupportables, à mon sens, ce sont ces rustauds qui, à peine décrassés par quelques années de séjour à la ville, reviennent chez eux, gonflés comme des paons, tranchant de l'entendu sur toutes choses, et de l'homme d'importance dans toutes les occasions : j'aimerais mieux voir un âne m'ordonner d'écouter son discours à une tribune que de voir entrer un de ces fâcheux dans ma maison.

Il en vint un chez les parents de Guillaume ; c'était un jeune homme qui, ayant été apprendre un état à Paris, revenait voir sa famille et conter ses prouesses au village ; un de ces vantards pleins de suffisance, qui gagnent à peine de quoi vivre au jour le jour, et qui affectent les ressources d'une banque, quand ils sont quelquefois réduits à celles d'un colimaçon. Quand on questionnait ce jeune homme sur la valeur commerciale de son état, il répondait qu'il n'y en avait pas de pareil ; quand on lui demandait ce que les ouvriers pouvaient gagner par jour, il répondait dix francs, et il n'en gagnait pas quatre. Pour faire voir comme il était à ses affaires il parlait d'un billet de mille francs comme ses confrères parlent d'une pièce de dix sous, et pour donner un liard à un pauvre, il aveignait quatre pièces de cinq francs qu'il avait dans ses poches, fort étonnées de s'y voir ensemble, et se rencontrant là pour la première fois. Ce Monsieur avait des bagues, un jabot, des bottes fines, un habit étriqué et du clinquant à son gousset ; il ne lui manquait qu'un binocle pendu à son cou, comme en ont les inutiles, pour leur ressembler tout-à-fait. Son langage émerveillait les pauvres campagnards qui, n'y entendant rien, le croyaient d'autant plus distingué qu'il était incompréhensible pour eux. Ses phrases étaient décousues comme ses idées et plus prétentieuses que celles d'un cuistre ; les *t* et les *s* sortaient de sa bouche comme de celle d'un tambour major, et mieux s'il y a.

Quand ses anciens camarades s'approchaient de lui en tendant leur main pour serrer cordialement la sienne, il défaisait son gant troué pour leur donner le bout du doigt en les appelant *mon cher* de la façon la plus comique du monde. Il abordait les jeunes filles du village, comme un marquis de l'ancien régime, en disant : — Tiens, voilà Rose ! tiens, voici Toinette ! et il leur passait la main sous le menton avec complaisance, comme si cette marque d'impertinente familiarité eût dû les toucher infiniment et être prise en honneur par elles. Il parlait de tout, il connaissait tout, il avait tout vu. Au cabaret, où il buvait amplement, le vin lui semblait détestable ; à la danse, où il embrouillait les figures, le violon lui écorchait les oreilles ; comme un profond philosophe, il jugeait les hommes sur un mot et d'un simple coup-d'œil. Monsieur le maire lui paraissait inepte, Monsieur le curé, absurde, le médecin, ignorant, et le receveur, peccable. Bref, en vingt-quatre heures, il avait assez de tout le monde et tout le monde était rassasié de lui.

Mais le naïf Guillaume eut le malheur de prendre au sérieux ce ridicule personnage et se laissa tenter par l'envie de le suivre à Paris, pour apprendre un bon état comme lui. L'autre jouant le rôle de protecteur, s'engagea devant les parents de Guillaume à l'emmener, selon son désir, et à le placer de sa *main*, dans une bonne maison.

— Pour lors, mon cousin, lui dit le papa Dumoncel, vous nous répondez de faire apprendre un état à notre garçon et d'avoir soin de lui.

— J'en aurai soin comme si c'était le mien ! répondit l'ouvrier.

Sur ce, on fit le paquet de Guillaume, il fit ses adieux à tous ses parents et amis et il partit.

Le voilà encore une fois à Paris, dans la chambre de son cousin, le fameux travailleur qui gagnait tant d'argent.... Il fallait voir, ce taudis, cette nudité, ce délabrement! Heureusement pour Guillaume il n'y resta qu'une nuit. Le lendemain, son riche parent s'affubla d'un pantalon de quinze sous, d'une casquette crasseuse, d'une blouse en loques et il le conduisit chez un bijoutier-orfèvre qui voulut bien le prendre moyennant cinq ans d'apprentissage, à la condition de le nourrir et de l'entretenir pendant ce temps, affirmant en outre, qu'en s'employant bien, il serait capable après cela, de gagner trois francs par jour. Ce n'était pas tout à fait le compte de Guillaume, mais il n'y avait pas à reculer. Il voyait bien que son cousin ne pouvait pas le nourrir à rien faire, et puis l'inspection qu'il avait faite de son domicile l'édifiait suffisamment sur les dix francs par jour qu'il se vantait de gagner devant les campagnards où il était certain que personne ne viendrait le contredire.

Guillaume commença donc son apprentissage du métier de bijoutier, qui semble si joli quand on en voit les produits, et qui est si ingrat, si repoussant quand on l'exerce, surtout pour les apprentis. Ces enfants y sont continuellement dans l'huile noire, dans la ponce, dans les acides, dans le charbon, dans la fumée, dans les cendres, dans les ordures.

Mais Guillaume ne mit pas immédiatement les mains à l'œuvre. Son nouveau maître, ayant appris qu'il avait été domestique, voulut tirer profit de cet avantage en l'employant aux soins plus économiques et plus intimes de son intérieur. Le matin, il devait aider madame à faire son ménage et lui porter son panier quand elle allait au marché. Dans le courant de la journée il allait au contrôle, il transportait l'ouvrage du magasin à l'atelier, de l'atelier au magasin. Il comptait les pièces finies, il les appariait, il les rangeait en ordre dans des cartonnages disposés à cet effet. Le soir il lavait la vaisselle et il cirait la chaussure, — ni plus ni moins que chez les Anglais. Tout cela n'allait pas trop mal, mais il n'apprenait guère à travailler. Il y avait bien une *bonne* à la maison, mais qui était employée à brunir les ouvrages à la grosse. Comme c'est une partie assez lucrative, et que cette fille n'avait que de faibles gages, on faisait faire sa besogne par un apprenti, à qui l'on ne donne rien, et l'on trouvait par là le moyen de réaliser un bénéfice net, qui, joint à une multitude d'autres, faisait grossir la caisse du fabricant, homme entendu, qui voulait bien que tout le monde vécut, mais à la façon de certains philantropes d'aujourd'hui, en mangeant les œufs du pauvre et en lui laissant les coquilles.

Cet excellent homme semblait pourtant avoir pour son nouvel apprenti une préférence qu'il ne témoignait pour aucun des autres, (il en avait dix.) — Guillaume, lui disait-il, après quelques semaines de séjour chez lui, tu vois que j'ai confiance en toi. Quand je n'y suis pas, il faut surveiller l'atelier, il faut me dire quand quelqu'un flâne; s'il se casse quelque chose en mon absence, il faut m'en avertir; s'il se gâche une chandelle, s'il se perd une lime, si le borax est renversé, si l'on oublie une pièce dans l'eau forte, — tout cela coûte cher! — il faut que j'en sois prévenu. Je le demanderais bien à d'autres, mais puisque tu vas et viens dans l'atelier j'aime mieux que cela te regarde, et puis l'on ne se défiera pas de toi. Tu sais qu'il y a une bonne manière de s'y prendre, on fait semblant de ne rien voir ni rien entendre, mais on a soin d'ouvrir l'œil et d'avoir l'oreille au guet; on entre, on sort sans dire un mot, on ne ferme pas les portes, on marche sur la pointe des pieds. Tu verras comme on découvre une foule de choses! Les ouvriers, les apprentis, tout cela te regarde. Tu peux diriger comme moi. Bientôt nous te mettrons à l'établi et tout cela te servira, tu ne seras pas emprunté : sais-tu que tu n'es déjà pas bête!.... Nous ferons quelque chose va! nous deux. Tu seras mon commis quelque jour, oui! Je ne veux pas que tu ponces; c'est trop rude. Je ne veux pas que tu blanchisses, c'est trop malpropre. Je ne veux pas non plus que tu ranges, c'est bon pour ces autres mauvais sujets. Tu ne sortiras pas avec eux le dimanche; ils ne sont bons qu'à vagabonder, à faire les polissons, à dépenser de l'argent, je leur donne chacun cinq sous toutes les semaines, il n'y a pas de danger qu'ils les épargnent, ils aiment bien mieux tout croquer! plutôt que de me le donner à garder pour quand ils sortiront d'apprentissage : canailles ; ils ne feront jamais rien !

En entendant son maître parler de la sorte, Guillaume édifié le prit pour un petit saint, et il résolut de lui obéir ponctuellement; il lui demanda même à quelle heure ils iraient à la messe.

— Prrrouste ! fit le bon bourgeois, la messe ? ah bien oui ! nous avons bien autre chose à faire *nous deux!* et le magasin à mettre en ordre, et l'ouvrage à apprêter pour le lundi, et relever les livres. C'est bon à ton pays, la messe ; quand on n'a rien à faire. Qui travaille prie.

— En effet, se dit Guillaume, en répétant mentalement le précepte évangélique. Et au bout de quelque temps il avait si bien répondu aux insinuations hypocrites de son maître, qu'il en était devenu l'esclave et le séide, et que tout l'atelier, du plus petit au plus grand, l'avait en horreur. Mais il ignorait la portée et la vilainie de ses odieuses délations. il ne savait pas que le rôle qu'il remplissait avec tant de zèle était celui de valet du bourreau de ses malheureux camarades. C'était un égoïste bien dur et bien rusé que son maître. Il avait soin de ne prendre pour apprentis que des campagnards afin qu'une fois entre ses mains, personne ne pût exercer sur eux aucune surveillance ; aussi les exploitait-il sans pitié et sans miséricorde, jusqu'au sang, jusqu'à la moëlle des os, jusqu'à la mort. Ces pauvres enfants éloignés de leurs familles, au milieu d'une ville immense qui leur était inconnue, entourés d'hommes indifférents qui riaient de leur misère, sans instruction, sans guide, sans appui et sans conseil, étaient obligés de tout endurer et de tout subir. Ils étaient nourris, couchés et entretenus aux frais de la maison, et ils devaient y rester cinq ans, comme Guillaume. Leur condition était la même pour tous. Il fallait qu'ils travaillassent, tous les jours et toute l'année, depuis cinq heures du matin jusqu'à dix heures du soir. Ils faisaient trois repas par jour, un à neuf heures, l'autre à trois heures et le dernier après dix heures du soir, quand la journée était achevée. Chacun de ces repas ne devait durer qu'un quart d'heure; ce temps écoulé, n'eût-on mangé que la moitié de sa suffisance, il fallait *serrer* son pain pour le repas suivant. Le dimanche, on devait travailler jusqu'à deux heures, après quoi l'on pouvait se nettoyer et sortir jusqu'à huit. Mais le rusé maître donnait pour ce jour-là une tâche si exorbitante que jamais on ne pouvait la finir avant la nuit, et que l'on passait le dimanche dans l'atelier comme les autres jours. Si ce n'était pas une tâche qui vous y retenait, c'était une punition; il n'y avait pas moyen d'en sortir : véritables moutons, on avait contre soi tous les arguments du loup de la fable.

L'atelier se trouvait situé dans un autre corps de logis que l'appartement du maître, mais une sonnette qu'il pouvait tirer de son lit avertissait les apprentis de l'heure où il fallait se lever chaque matin. Tous ces petits malheureux couchaient au pied des établis sur chacun un lit de sangle que l'on déployait le soir et qu'il fallait ranger le matin. A quatre heures et demie la sonnette résonnait. Il fallait s'habiller, mettre son lit sur une soupente, relever les claies de l'atelier, balayer dessous, les mettre en place, tout cela avant cinq heures, sous peine de se sentir infliger une punition cruelle. Ce bon maître n'avait pas besoin de quitter son lit pour savoir si l'on obéissait à ses ordres. Chaque enfant devait prendre une tâche et l'exécuter d'heure en heure; de façon que, quand même le maître ne fût venu que le soir, il pouvait voir à cinq minutes près si l'on avait observé la règle; il lui suffisait pour cela de compter les pièces que l'on avait devant soi. Et il n'y avait pas d'excuses possibles à alléguer devant lui. Il ne sortait pas de ce dilemme : ou la tâche n'était pas accomplie, ou l'on ne s'était pas levé à l'heure. Et d'une façon ou d'autre il fallait être châtié.

Quand parfois l'on venait à bout de le satisfaire, cela dépendait plutôt de son caprice que de son équité, car il avait mille ressources cruelles pour trouver des prétextes à des châtiments qu'il exerçait avec une dureté inexorable. Ainsi après avoir examiné les pièces travaillées, il ne tenait qu'à lui de les trouver défectueuses, et, quand cette fantaisie lui prenait, il fallait même que l'on s'avouât de soi-même coupable pour avoir l'air de lui donner raison des mauvais traitements qu'il faisait endurer. D'ailleurs, un apprenti tombe toujours dans ces sortes de fautes : quels que soit l'état que l'on exerce et la facilité de la besogne que l'on doit faire, il est impossible d'y devenir tout d'un coup un ouvrier parfait. Le maître frappait ces enfants d'une baguette de jonc qu'il achetait exprès pour cet office, et qu'il renouvelait plusieurs fois chaque année. Après les coups, il y avait le pain sec, le pain bis pour un jour, une semaine, un mois quelquefois. C'était un supplément inévitable. On ne s'était pas encore purgé d'une punition qu'il pouvait infliger si arbitrairement, que déjà on était sous le coup d'une autre. Une injure que la torture arrachait, un cri de douleur parti du fond de l'âme appelaient un redoublement de châtiment. Un signe, un geste étaient interprétés à mauvaise intention et servaient de prétextes aux actes de sévérité odieuse de ce monstre.

Par ses absences de l'atelier, Guillaume échappait au spectacle de cette atroce barbarie. Il y couchait pourtant, et, un soir, il vit un de de ses camarade gémir en exhalant des imprécations sur Dieu et sur le monde, en maudissant sa mère qui l'abandonnait, en menaçant tout haut son maître inhumain, qu'il parlait d'assassiner. Guillaume s'approcha de cet enfant, et lui demanda la cause de ses chagrins et de sa colère. Celui-ci le repoussa dûrement sans lui répondre. Les autres lui dirent :

— Laisse-le, mouchard ! en voilà un sournois qui vient faire le câlin, qui fait semblant de nous plaindre : petit jésuite, va ! Tu crois donc que ça ira toujours bien ? Tu verras, quand tu seras à l'établi, si l'on te ménage ! il fera bien de te tricoter les côtes : tu ne l'auras pas volé, toi!.., Tu l'aimes donc bien ton bourgeois?... Et ta bourgeoise! hein, décroteur! t'appelle-t-elle son bibi, ta bourgeoise; en voila un bibi!... Méchant domestique, va, méchant pleutre, méchant pleureur?

— Comme vous me maltraitez, dit Guillaume secrètement tourmenté par sa conscience; qu'est-ce que je vous ai fait?

— Cardillac ! il demande ce qu'il nous a fait! Viens voir, viens! — Et découvrant celui qui pleurait, ils lui montrèrent ses reins ensanglantés par la baguette du maître.

— Oh! dit Guillaume, faisant un mouvement d'horreur, est-ce que l'on vous bat comme cela?

— Oui, comme cela, et c'est ta faute! Si tu n'avais pas dit qu'Alexandre avait répandu la sciure, on n'aurait pas su qui c'était, et cela ne serait pas arrivé.

— Il aurait frappé sur tout le monde! — dit l'enfant blessé, en pleurant toujours.

Et Guillaume, en pleurant aussi, reprit :

— Ce n'est pas moi qui ai dit cela.

— Ce n'est pas toi? ce n'est pas toi? et qui donc !

— Je vous jure que ce n'est pas moi, comme Dieu qui m'entend !

Tous les enfants se regardèrent avec étonnement en secouant la tête d'un air d'incrédulité.

Après un moment de silence, il y en eut un qui reprit la parole :

— Si c'était M. Couard? ce grand voleur !...

— Cela se pourrait, reprit un autre; ce ne serait pas la première fois. Qu'est-ce qu'il va faire au bureau tous les jours?

— Guette-le, Guillaume, tu nous le diras.

— Oh mes amis, reprit Guillaume, jamais plus le maître n'aura une parole de moi, sur ce qui se passe ici. Quant à M. Couard, je n'ai pas besoin de le guetter : c'est pour aller faire de mauvais rapports qu'il quitte tous les soirs après les autres.

— Le grand voleur ! répétèrent spontanément toutes les voix.

Dès le lendemain Guillaume changea complètement de conduite avec son maître, qu'il commençait enfin à connaître en devinant ce qu'il pouvait en attendre. Il lui demanda, d'abord, quand il le ferait travailler, prétextant que sa mère pourrait venir le voir, et qu'il serait content de lui montrer quelque chose fait de sa main.

— Nous verrons à cela, répondit sèchement le maître. Puis il ajouta : — Toi, tu te gâtes !

Huit jours après, voyant que l'on ne tenait pas compte de sa réclamation, Guillaume la réitéra près de sa maîtresse ; celle-ci lui répondit :

— Allez laver la vaisselle.

Guillaume cassa deux assiettes.

— Si ça recommence, Monsieur le saura, lui dit la dame.

Et n'en restant pas là, elle visita les souliers qu'il venait de cirer :

— Est-ce propre cela! voyez donc, sans-soin, voyez donc, vous mettez la cire par-dessus la crotte; recommencez-moi cela!

Guillaume reprit les souliers et, en les grattant, il coupa l'empeigne.

— C'est trop fort, dit la dame; je crois que le polisson le fait exprès!..

Guillaume s'excusa de son mieux, et la chose en resta là. Le lendemain il ne cassa pas d'assiettes, mais il eut une autre occasion d'être maladroit. C'était en faisant le ménage.

— Jetez cela par la fenêtre, lui dit la dame, en lui montrant au milieu de la chambre un vase plein de liquide.

Guillaume ne bougea pas. La dame réitéra impérieusement son ordre : — Jetez cela par la fenêtre!

Guillaume s'exécuta, mais il laissa tomber le contenant et le contenu.

— Oh! là, là! dit-il, ça m'a échappé!

La dame lui donna deux soufflets, en disant :
— Moi aussi! — Et comme son mari entrait, elle

ajouta : — Emmène-moi ce drôle à l'établi ; on n'en peut plus rien faire.

Le maître devinait la secrète pensée de Guillaume et les motifs de ses soi-disant maladresses, aussi il ne le ménagea pas. Il le mit d'abord à la ponce, besogne de manœuvre, ce qu'il y a de plus rude, de plus ingrat, de plus mal-propre à faire qu'il soit possible d'imaginer.

Guillaume fit feu des quatre membres ; mais le moyen de contenter quelqu'un qui ne veut pas l'être, qui use de supercherie et qui est le plus fort. Une fois, on lui reprochait d'user trop d'huile ; une autre fois, on lui reprochait de perdre trop de ponce ; un jour, il avait laissé des traits sur une pièce ; le lendemain, il en avait bossué une autre.

— Vois-tu cela, lui disait le maître en lui montrant la pièce mal achevée ou défectueuse : vois-tu cela ? et le prenant par la nuque, il lui cognait le visage sur cette pièce anguleuse et tranchante, au risque de lui briser la machoire, de le rendre infirme ou de l'éborgner. Et quand

Guillaume versait quelques pleurs arrachés par la douleur ou par la rage, le maître courait à sa baguette :

— Ah ! tu pleures, toi ! ah ! paysan, ah ! chien, tu pleures !... Je te vais faire pleurer pour quelque chose ! — puis il frappait en répondant par des coups plus fortement assénés à chaque nouveau cri que poussait la pauvre victime.

Après Guillaume, c'était le tour d'un autre, et d'un autre encore ; depuis le premier jusqu'au dernier, tout le monde y passait ; et cela recommençait tous les jours. Quand cet homme féroce était dérangé dans l'exercice de sa brutalité stupide, il disait à ses martyrs :

— Je vais revenir, nous compterons : vous ne perdrez rien à attendre !... — Et, en rentrant, fût-il resté deux heures dehors, sans témoigner aucune colère, sans faire paraître aucune espèce d'émotion, sans même quelquefois interrompre le couplet d'une chanson qu'il fredonnait, il se remettait à les frapper jusqu'à ce qu'ils tombassent à ses pieds en écumant de douleur et de rage....

Horrible ! horrible condition que celle de ces pauvres enfants !...

Atroce, épouvantable barbarie que celle de ces hommes dont la cupidité pétrifie ainsi les entrailles !... Et si l'on savait comme ils se perpétuent, comme il sont encore nombreux !

Et que l'on ne croie pas que nous exagérions rien ici ; au contraire, nous n'osons pas, nous ne pouvons pas tout dire. Mais ce qu'il faut que l'on sache, c'est que ces choses se passent tous les jours, tous les jours, entendez-vous bien ! vous qui avez puissance et qui revendiquez le titre de protecteur des faibles, tous les jours sous les yeux de la foule, à la face du soleil, dans tous les centres industriels, au sein même de cette ville si belle, si opulente, si joyeuse, si fière de s'appeler la capitale du monde civilisé ! Et nous osons nous dire des chrétiens ! Mais le dernier des sauvages n'est jamais descendu à de pareils actes de barbarie. Quand il va à la guerre, lui, s'il fait un prisonnier, il le torture, il l'égorge, il le mange, mais c'est un homme, un homme qui brave son bourreau, que l'on a combattu et qu'il a fallu vaincre, qui pouvait être le plus fort et user de réciprocité. Mais vous, cruels! vous, lâches! vous, hommes dénaturés, vous déchirez la chair d'un être faible et sans défense, qui pleure, qui se jette à vos genoux, qui vous demande pardon! Vous torturez, vous tuez, vous massacrez des petits enfants! O Dieu! mon Dieu! Et il y a dix-huit cents ans que Jésus a été crucifié pour nous régénérer, pour que le fort protége le faible et que le maître affranchisse l'esclave....

La suite de cette histoire nous montrera ce que ces exemples produisent sur les enfants qui en sont les témoins, et ce qu'il leur faut, plus tard, de courage persévérant, de force morale et d'oubli du passé pour être de bons sujets, croire à la justice et aimer les hommes.

Continuons. L'hiver, à force de tremper leurs

mains alternativement dans des acides brûlants et dans des eaux glacées, il leur venait des engelures aux mains, plus souvent des crevasses, ce qui est encore plus douloureux. Crainte de laisser empirer ces maux qui auraient pu les réduire à l'impuissance de travailler, le maître exigeait qu'ils se nettoyassent soigneusement, mais cela faisait tant de mal, qu'ils s'en dispensaient tant qu'ils pouvaient. Un jour, entre autres, le maître dit à Guillaume :

— Si tu ne te laves pas mieux les mains, je te les laverai moi-même....

Cet avertissement équivalait à une menace ; cela fit frémir l'enfant, et pourtant, il n'eut pas le courage de faire ce que l'on exigeait de lui, quelque bonne volonté qu'il y mît. Son cœur lui manquait dès qu'il commençait à l'essayer. Frotter de savon ces plaies vives que le froid agrandissait tous les jours, lui semblait une aussi cruelle souffrance que s'il eût fallu mettre ses mains sur des charbons ardents.

Le maître réitéra son ordre une fois seulement, et voyant qu'il ne serait pas obéi, il fit apprêter une jatte d'eau chaude et une brosse, et, prenant les mains de l'enfant, il les lui frotta sans pitié, malgré les pleurs d'angoisses, les prières, et, à la fin, les hurlements que la torture lui arrachait. La brosse était rude; dès les premiers coups, le sang jaillit, l'épiderme fut enlevé, puis la chair se déchira, et les nerfs furent à nu. Guillaume resta une demi-heure sans connaissance. Pendant ce temps on lui banda les mains de linge blanc. malgré cela il fut pendant deux semaines sans pouvoir faire autre chose que les commissions chez les ouvriers du dehors. On n'en continua pas moins de le battre pour cela, sur les motifs les plus spécieux, pour les circonstances les plus futiles. Par maladresse il marcha sur la patte du chien.

— Tu l'as fait exprès! dit le maître.

— Non Monsieur; — c'était un démenti; des coups. S'il eût dit oui, ç'aurait été de l'impudence ou de la bravade; des coups, toujours!

Une autre fois il renversa une tabatière ; des coups.

— Monsieur, je ne l'ai pas fait exprès...

— Il ne manquerait plus que cela, alors !

Un jour sa cuillère de bois était égarée ; des coups.

Un lacet manquait à ses souliers : Tends le dos, Guillaume.

Sa casquette mise le devant derrière : Pan, pan, à toi !

Pour un bouchon coupé (qui le croirait !) un simple bouchon de liége avec lequel on étalait l'huile sur la pierre à afûter les outils, il fut roué. On le frappait avec la baguette, sans regarder où les coups portaient ; sur les mains, sur les jambes, sur le visage, sur le cou où il lui était poussé des cloux comme il en vient souvent aux enfants dans le jeune âge, sur ses chairs déjà mille fois meurtries, où chaque nouvelle atteinte ravivait encore les anciennes douleurs.

En butte à des traitements pareils, Guillaume

se serait mille fois sauvé à son village, dans sa chère maison paternelle où il revenait toujours se consoler de ses infortunes, comme l'hirondelle revient à son nid après ses voyages. Mais ses camarades lui disaient qu'il y avait un papier de signé ; que le maître ne prenait jamais d'apprenti sans contracter cet engagement qui, selon eux, ferait mettre son père en prison parce qu'il ne pourrait pas payer le dédit, sans cela ils se seraient bien sauvés eux-mêmes. Ainsi, il fallait se résigner ! On aurait bien pu encore aller se plaindre chez le commissaire, mais il y avait un apprenti qui l'avait fait, et le maître l'accusa de l'avoir volé. Comme il n'avait ni père ni mère, on le fit enfermer dans une maison de correction, d'où il ne devait sortir qu'à dix-huit ans pour aller ensuite, peut-être, mourir aux galères. Et le maître fut félicité de sa sévérité par bien du monde.

—On ne saurait trop prendre de précautions avec les enfants que l'on a à sa charge, lui disait à ce propos un de ses confrères retiré, — fondateur d'une *œuvre de charité* et philantrope émérite, — il faut tenir de près ces gaillards-là ! je saisce que c'est ; j'en ai eu jusqu'à cinquante au temps où j'avais ma fabrique, et je les menais bon train aussi !

Renseigné de la sorte, Guillaume se vit pris comme dans un réseau de fer, et résolut de mourir. Pendant plusieurs mois il ne fit rien pour échapper aux châtiments qu'on lui infligeait ; il allait même au-devant, cherchant, comme il le disait, *le coup de grâce.* C'était pour lui l'heure de la délivrance, il souffrait toujours et elle n'arrivait pas.... Un soir il fit à ses camarades la proposition d'incendier la maison pour en finir tous à la fois. Quelques-uns furent de son avis !

Hélas ! pauvres enfants désespérés, ils voulaient mourir à l'âge où l'existence est si belle, et devrait être si heureuse ! Ils pensaient au suicide comme des hommes déjà mûrs et découragés par de longues infortunes ; comme des vieillards sans foi, dégoûtés de la vie, et las d'en porter le fardeau trop pesant. Pourtant Guillaume revint à de meilleurs sentiments, et il reprit courage en pensant aux bons enseignements qu'il avait reçus dès son jeune âge : en se souvenant de ses frères et sœurs qui, peut-être, auraient un jour besoin de son appui ; de son père qui, s'il fût mort, l'aurait pleuré toute sa vie ; de sa mère, si sensible et si douce, qui en serait devenue folle de chagrin.

IX

UNE CONSPIRATION.

> Frappe, nous te suivons, courage, venge-nous!
> Frappe, c'est un tyran : Dieu bénira tes coups.
> — Dieu défend de tuer.
> — Dieu punit les esclaves!
> Et l'ange des combats ouvre le ciel aux braves.

M. Couard remplissait son office de délateur avec un zèle si outré et une persévérance si minutieuse que les choses allaient toujours de mal en pis dans l'atelier du bijoutier. Un soir, tous les apprentis, en se couchant, se contaient mutuellement leurs peines, et parlaient encore de cet homme indigne; ils proposèrent et résolurent de s'en débarasser.

— Comment, disait l'un d'eux, il ne s'en ira

pas d'ici, ce grand voleur là : c'est pourtant un voleur : je l'ai déjà pris deux fois sur le fait.

— Oh ! dit un autre, c'est vrai qu'il chippe, hein?... mettons-lui un lingot dans ses poches ; le bourgeois le fera arrêter.

— Le bourgeois le verrait le voler qu'il ne le croirait pas, reprit un troisième.

Un autre fit cette belle proposition :

— Si nous lui mettions du vitriol dans sa bouteille au vin ! nous dirions, que nous n'avons rien vu.

Un autre, aussi bien avisé, donna son avis en riant :

— Si nous plantions un clou dans sa chaise ; quand il viendrait pour s'assoir, le matin, zig ; c'est ça qui serait bon !...

Toi Alexandre, qu'est-ce que tu proposes ; demanda une voix.

— Il faut le tuer, reprit l'enfant d'une voix sombre et avec un accent très-résolu. C'était cet Alexandre, que nous avons vu dans le chapitre précédent, si horriblement traité, sur un rapport de Couard.

— Avec quoi ! firent toutes les voix, quand il eut parlé.

— Avec un grattoir, bien effilé.

— Et qu'est-ce qui le tuera ?

— Moi !

— Tu n'en auras pas la force. Il faudrait frapper par derrière : il a la peau trop dûre. Mieux vaudrait lui donner d'un marteau de forge en plein sur la tête.

— Chic! dirent tous les apprentis en se frottant les mains.

— Je m'en charge, reprit Alexandre ; je m'en charge si vous voulez m'aider.

— Tous ! nous t'aiderons tous ! dirent plusieurs voix déterminées.

— Comme vous y allez! reprit un des enfants qui n'avait pas parlé jusque là, comme vous y allez, rien que celà ! tuer un homme !

— Louis a raison ; il ne faut pas tuer, mes amis, ajouta Guillaume tout tremblant.

—En voilà déjà un qui a peur, dit Alexandre.

—Je n'ai pas peur, mais je vous répète qu'il ne faut pas tuer, malheureux! Vous voulez donc aller en justice comme des criminels.

— Elle est belle ta justice! reprit ironiquement un de ces enfants, pourquoi donc qu'elle ne dit rien au bourgeois? (*)

— Cette bêtise! il est riche; est-ce que l'on ne passe pas partout avec cela?

— Mais, dit Guillaume, le bourgeois n'a tué personne, encore.

— Ah! tu crois çà, toi! Et Antoine qu'il a envoyé à l'hospice, va donc voir s'il en est revenu?

— Mais celui que vous voulez tuer n'est pas celui qui vous fait du mal.

— C'est lui qui en est cause; c'est lui qui nous fait mourir en détail par les coups qu'on

---

(*) Ces enfants ne sont ici que l'écho d'un préjugé populaire, qui exagère les priviléges de la richesse au point de la croire au-dessus des atteintes de la loi.

nous donne tous les jours. Il est encore plus dur que l'autre.

— Oui, oui, dirent la plupart des apprentis, c'est sa faute si l'on nous traite de pire façon que si nous étions des chevaux de coucou.

— Il n'y a plus de coucou ! p'tit Pantinois, dit le loustic de la bande.

Ce mot fit rire presque tous les partisans de la conjuration, tant ces jeunes têtes sont légères, inconséquentes et oublieuses.

— Il ne faut pas que notre affaire passe dimanche, dit Alexandre d'une voix sombre en les interrompant. Le bourgeois s'absente pour aller au bain ; pendant ce temps-là nous serons seuls avec Couard, et nous lui ferons son affaire.

— C'est çà ! dès le matin. Justement il soude à cette heure-là, il aura l'œil sur la lampe, au fond de la cheminée : il ne verra rien.

— C'est dit ! reprit Alexandre, et que pas un ne souffle un mot jusque-là, où c'est par lui que l'on commence.

— Mais qu'est-ce que tu deviendras, toi,

misérable! dit Guillaume à cet assassin prématuré.

— Après le coup, je me sauve à mon pays, il n'y a que vingt-deux lieues, il faudra bien que j'y arrive.

— Il y arrivera! dit le loustic avec emphase, lui imposant les deux mains sur la tête, en parodiant un acteur des boulevards.

— Et de l'argent pour faire le voyage! reprit Guillaume, de l'argent?

— Nous avons tous quelque chose dans nos tirelires; nous le lui donnerons.

— Et si tu ne peux pas te sauver?

— Je le pourrai parce que vous m'aiderez; qu'est-ce qui courrait après moi, d'ailleurs.

—Lui, si tu le manques, dirent plusieurs voix.

— Il n'y a pas de danger, allez! tenez, fit l'enfant en sautant de son lit, — et prenant un marteau, il simula de frapper un coup terrible: voyez-vous! en plein sur la tête; après cela je veux le voir à terre faire de la toile comme une araignée....

— Le v'la mort, dit encore le loustic ; quel état !....

— Chut !... dit celui des apprentis dont le lit était le plus rapproché de la porte, on vient, c'est le bourgeois ; soufflez la chandelle, cric ! tout le monde dort.

Le bourgeois entra en effet, sa baguette d'une main et une lampe de l'autre.

— Qu'est-ce qui se passe donc ici, que l'on ne dort pas encore, passé minuit.

Personne ne souffla mot.

— Ne faites pas semblant de dormir, dit le maître avec une voix tremblante de colère, je vais vous éreinter tous ! — et disant cela, il prit par l'oreille celui qui se trouvait sous sa main et il le redressa presque debout sur son lit en le secouant de toutes ses forces :

— Tu vas me dire, toi, ce que l'on faisait ici.

— Oui, Monsieur, dit l'enfant, cédant à la douleur. oui, Monsieur, je vais vous le dire. Tous les autres ne respiraient plus.

— Mais parle donc, caboche, parle donc, chien ! parle donc, gueux !

— Monsieur, c'est....

— Parle donc !...

— Oui Monsieur.... c'est.... *chose*, là-bas, qui cherchait des puces.

— Je vous les secouerai demain vos puces, et à tous. Mais l'on a remué les marteaux, qu'est-ce qui a remué les marteaux ?

— On n'y a pas touché, Monsieur !

— *On n'y a pas touché, Monsieur !* répétait ironiquement le maître en donnant du manche de sa baguette sur les mains du pauvre apprenti.

— Monsieur, dit Guillaume, voulant venir au secours de son camarade, c'est moi qui ai remué les marteaux ; je ne faisais pas de mal, c'était pour attraper.... une souris.

— Tu attraperas une danse demain, pour ta peine, toi ! Et si je revois jamais de la lumière ici un quart-d'heure après souper, vous mangerez du pain noir toute l'année... Cela ne nous empêchera pas de *compter* demain; je connais les couleurs : je ne veux pas que l'on m'en montre.

Le maître se retira là-dessus, et les apprentis se répétèrent tout bas : — A dimanche ! à dimanche !...

La nuit se passa sans autre incident.

Guillaume aurait voulu que ce jour n'arrivât jamais, tant il craignait les résultats de leurs projets meurtriers. Dès qu'il se trouvait auprès de M. Couard, il se sentait pris d'un frisson convulsif et il attachait sur cette victime un regard de pitié et de commisération profondes. M. Couard était replet, il faisait bonne chère, il avait le mot pour rire.

— Il est pourtant bien heureux cet homme-là, se disait Guillaume ; dire qu'il va mourir ! Et le secret de la conjuration errait sur ses lèvres, prêt à s'en échapper avec ses soupirs.

Le samedi soir, tous les apprentis se serrèrent la main comme de vrais conspirateurs, en disant : c'est demain ! On se distribua les rôles, il y avait un signal donné : à l'heure dite chacun fut à son poste. M. Couard était à la lampe, il soudait, comme on l'avait prévu. Alexandre s'approche du ratelier des marteaux, il en prend un, il l'élève, il va frapper ; mais voilà M. Couard qui se retourne :

— Qu'est-ce que tu fais là, toi, fainéant ! va donc à ton ouvrage.

— Je range, le bourgeois l'a dit, répond tranquillement Alexandre. Et dès que M. Couard se fut retourné, il brandit sa masse de fer, et la laissa retomber, non sur la tête du soudeur, il n'eut pas la force d'y atteindre, mais au beau milieu de ses reins, et la secousse fut telle, qu'il en éteignit la lampe en tombant dessus à plein visage.

Les apprentis tenaient toutes les portes ouvertes, ce qui fit qu'Alexandre était déjà loin quand le malheureux Couard eut retrouvé sa présence d'esprit. Dès qu'ils virent qu'il n'était pas mort, ils l'entourèrent avec un air touchant d'intérêt et de compassion, lui demandant ce qui lui était arrivé, où était son mal, si c'était qu'il avait eu un étourdissement, et mille autres questions qui les auraient fait croire innocents comme des anges.

— C'est... c'est Alexandre... le scélérat ! répondait M. Couard d'une voix faible et pantelante. Brigand d'enfant,.... c'est lui.... il voulait m'assassiner !

— Oh !... oh !... firent tous ces hypocrites ; il a voulu l'assassiner !

— Avec un marteau ! reprit Couard.

— Avec un marteau !!! répétèrent les apprentis.

— C'est là ! reprenait Couard, en leur désignant la place où le marteau l'avait atteint. Et les fourbes en singeant la voix dolente de la victime :

— C'est là !! oh ! quelle bosse ! oh là là !...

— Il faut que *Monsieur* le sache, il faut qu'il voie dans quel état je suis réduit. Peut-on mettre un homme dans un état pareil ! Et Couard crachait l'huile noire qu'il avait dans la bouche, et celle qui dégouttait de ses cheveux inondant son visage, s'infiltrait dans ses narines dilatées, dans ses larges oreilles, dans ses petits yeux, au point de l'aveugler.

Les enfants répétaient : Quel état ! quel état ! et sous prétexte de soins officieux le barbouillaient encore davantage. Ils l'ahurissaient de questions, d'exclamations, de plaintes hyperboliques.

Ainsi tourmenté, obsédé, hors de lui, M. Couard se rendit au bureau du maître. Il avait les cheveux hérissés, le visage noir, les vêtements en désordre; il était méconnaissable, effrayant, défiguré.

Le maître étant sorti, et sa femme étant seule, elle eut un saisissement de terreur accompagné d'attaques de nerfs, et avec cela elle était grosse. Quand son mari rentra, on lui raconta ce qui s'était passé ; tout le voisinage était en émoi et accusait Couard d'être venu effrayer une femme dans une position pareille. Le maître ne demanda pas de plus amples expl cations, il courut à son atelier comme un furieux, et prenant M. Couard par les deux épaules il le jeta dehors en l'accablant de reproches, en le traitant avec le dernier mépris, en lui reprochant sa bassesse, sa duplicité, son ignominie, en le montrant du doigt à tout le monde, comme le dernier des misérables.

Après cette journée terrible, les apprentis eurent un peu de répit; on les battait moins, on les nourrissait mieux. Le maître avait-il des craintes ou des remords? était-ce chez lui clémence, ou prudence? L'une ou l'autre, cela ne dura que huit jours. *Chassez le naturel il revient au galop.*

Le pauvre Guillaume pensait bien souvent à ses bons parents, il leur écrivait de temps à autre, quand il pouvait avoir un sou pour acheter une feuille de papier, sans pourtant oser leur dire qu'il était si malheureux. On lui répondait exactement, mais le facteur remettait les lettres à son maître, et bien qu'elles fussent affranchies, celui-ci les gardait, se contentant de lui dire : ça va bien chez vous, paysan ; j'ai reçu des nouvelles.

Sa mère était aussi venue un jour pour le voir, mais au lieu de la faire entrer à l'atelier, on lui dit que son garçon était en course, et comme elle ne pouvait ni attendre ni revenir, elle repartit sans l'embrasser. Au reste, on lui assurait qu'il était en bonne santé, que l'état lui convenait beaucoup, qu'il travaillait comme un homme — cela était vrai — cela seulement.

C'est encore une ruse des exploiteurs de ces temps-ci. Quand les parents d'un enfant mis en apprentissage viennent pour lui rendre visite, quelquefois on le leur montre, mais plus souvent il reste invisible pour eux, et on les paie de compliments dont ils se contentent, faute de pouvoir entendre la vérité de la bouche même de leur enfant. Le verraient-ils, le maître est là qui ne le quitte pas des yeux, qui répond pour lui à toutes les questions, qui le tient dans une telle contrainte que le pauvre enfant n'ose ni risquer une plainte, ni laisser échapper un soupir, ni faire un vœu, ni soulager son cœur. Quelquefois ces pauvres gens devinent ce qui se passe au fond de l'âme du martyr, mais que faire? il y a un engagement, ils sont liés. Et puis il y a déjà du temps de fait, on le compte; ils ont encore tant d'autres enfants à nourrir!... Quand l'apprenti ose risquer un reproche, le maître qui connaît leurs nécessités semble de suite leur mettre le marché à la main.

— Reprenez-le, reprenez-le; nous n'en manquons pas d'enfants, on vient nous en offrir tous les jours. Il y a assez long-temps que celui-ci mange mon pain, et qu'il brise mes outils; vous croyez que l'on a tout bénéfice, vous! et la marchandise qu'il me perd! et le temps que je passe après lui! et l'entretien, cela ne vous coûte rien!

Les pauvres gens sont loin de pouvoir soupçonner ce manége infernal; ils ferment la bouche, ils n'osent plus lever les yeux. Ils se retirent humblement, en recommandant la sagesse à leur enfant. Quand ils sont dehors ils pleurent ; le maître se met à table ; l'enfant désolé maudit le monde.....

Un incident qui arriva à Guillaume, le décida enfin à fuir de son atelier, de cette maison de malheur où l'avait abandonné son cousin, le gros gagneur d'argent, l'impudent menteur qui était cause en partie de toutes ses infortunes et de tous ses chagrins. Il était en course, les pieds à demi-nus dans les rues boueuses de la capitale ; il rêvait à son village, à sa chère famille, à la veillée dans l'étable où l'on s'amuse si bien et où l'on entend de si beaux contes ; à ses frères et sœurs dont il était le gardien chéri ; aux petits petits qu'il aimait tant voir marcher sur l'herbe, qu'il aimait tant embrasser à leur réveil quand ils l'appelaient en lui tendant les bras ; au troupeau de son père, à leur bon chien si brave et si caressant ; à la fontaine où vont boire les moissonneurs ; aux jardins, aux bois, aux prairies, à mille autres objets chers à sa pensée et dont le souvenir chantait dans son cœur. Tout-à-coup voilà qu'un jeune gars que l'on reconnaissait pour quelque collégien de Paris à l'élégance de son joli costume, lui choque le coude avec raideur en passant. Guillaume lève la tête : c'est un ami! c'est Magloire, le fils du fermier, auquel il pensait aussi tout-à-l'heure. Mais Guillaume est si malpropre, si déguenillé, qu'il hésite à se faire connaître. Le jeune garçon s'arrête au bout de quelques pas, contemple Guillaume à son tour et vient tout-à-coup se jeter dans ses bras.

— Mon pauvre ami, mon bon Guillaume, lui dit-il, je viens de chez ton maître, je te cherchais ; est-ce ainsi que je devais te retrouver! Mon Dieu, que tu as l'air triste et misérable....

— Oui, répond Guillaume, en versant d'abondantes larmes, je suis bien malheureux, bien malheureux.... Laisse-moi t'embrasser encore et te dire adieu, car on compte les minutes que je perds et je vais être battu si tu me retiens encore ici.

— Battu! toi, battu! pourquoi cela? mais je ne veux pas que l'on te batte, moi! Et qui donc te battrait? ton maître ? il est donc bien méchant, cet homme, mon Guillaume, toi qui es si bon, si timide et si doux. Viens, viens à notre hôtel, nous allons voir mon père qui nous attend pour déjeûner, nous lui dirons comme tu es malheureux, et il te remmènera vers tes parents.

— Oui, dit Guillaume en se laissant doucement entraîner ; ramenez-moi voir ma mère que je lui dise tout, tout ! Si tu savais ce que j'ai souffert depuis que je vous ai quittés !...

Le père de Magloire était le maire de sa commune : après avoir entendu Guillaume, il alla chez son maître lever son engagement, et traita ce gredin comme il le méritait. Puis il ramena Guillaume à son village où il prit l'état de son père, pour ne plus le quitter jamais.

Depuis, il engage tous les villageois à l'imiter, à ne pas dédaigner le travail des champs, aussi honorable et aussi lucratif que la plupart des métiers des villes, quoiqu'en disent des glorieux qui sont absurdes et qu'il ne faut jamais écouter. On sait bien que partout la classe laborieuse est misérable, qu'elle n'est pas rétribuée selon ses peines, ni récompensée selon ses dévouements; mais il faut prendre patience, le jour de la justice viendra aussi pour elle : les hommes sont assez éclairés pour donner un soulagement à toutes leurs souffrances : qu'ils s'aiment, qu'ils s'unissent, qu'ils se donnent la main les uns les autres comme de bons frères, et bientôt des lois protectrices du travail qui les nourrit tous, permettront que chacun d'eux soit récompensé selon ses mérites et apprécié selon ses œuvres.

1847.

LE CURÉ ET LE FERMIER.

X

LE CURÉ ET LE FERMIER.

> ..... Personne n'est sans défaut, nul ne se suffit à soi-même, nul n'est assez sage pour se conduire seul, mais il faut nous supporter, nous consoler, nous aider, nous instruire, nous avertir mutuellement.
> — *Imitation de J. C.*
>
> L'Evangile sauvera le monde.
> — Chateaubriand.

Il y avait un bon vieux curé de campagne qui était l'ami des pauvres et des riches, parce qu'il regardait tous les hommes comme ses frères, et qui dans ses prières de chaque jour les recommandait également à la protection du ciel en les appelant tous « les pauvres enfants du bon Dieu, » Ce bon curé était savant comme un livre, doux comme un agneau, charitable comme un saint. Il était en assez bons rapports avec ses confrères, sans pourtant les imiter sur bien des choses : par exemple, il n'allait que très-rarement dîner à la table du château ; quand un de ses paroissiens refusait d'aller à confesse, il ne le montrait pas au doigt dans la rue ; et si un père de famille, qui travaillait toute la semaine au dehors, profitait du dimanche pour ensemencer son jardin, au lieu de lui dire qu'il manquait à ses devoirs il lui apportait un morceau de pain bénit.

Grâce à cet homme sage il n'y avait jamais de procès dans la commune ; il arrangeait tous les différends, conciliait tous les intérêts, apaisait toutes les disputes. Aussi était-il respecté à dix lieues à la ronde et vénéré de tous ceux qui l'approchaient. Quelques traits de sa vie le feront mieux connaître que tout ce que nous saurions dire. Citons-en seulement deux ou trois.

Après la révolution de février, et dans l'effervescence que causait ce grand évènement, les ouvriers de sa paroisse, excités par la malveillance, et cédant à une colère absurde, s'attroupèrent pour aller dans les fermes casser les mécaniques à battre le blé. Le bon curé accourut au milieu d'eux et leur fit les plus sages remontrances, mais les têtes étaient tellement montées que personne ne l'écoutait; il semblait au contraire que ses bons conseils réveillassent chez ses paroissiens les instincts de destruction et de discorde qu'il voulait à toute force apaiser. Le pauvre homme était hors de lui. Enfin il s'approcha du plus déterminé de la troupe, qui tenait en main une masse énorme que de temps en temps il faisait voltiger autour de sa tête, en proférant des menaces furieuses. — Jacques, lui dit-il, veux-tu me dire l'heure qu'il est?

L'ouvrier étonné tira machinalement une montre de sa poche. Alors, le prêtre fit semblant de trouver cette montre curieuse, demanda à l'examiner, puis, la prenant par son cordon et s'avançant au milieu du groupe, il dit de toutes ses forces : Mes amis! si nous voulons casser les mécaniques il faut commencer par les nôtres afin que l'on ne nous taxe pas d'injustice et qu'il n'y ait personne de jaloux. Voici d'abord une montre, voyez comme c'est fin, poli, mignon, bien travaillé, comme cela marque l'heure sans qu'on y touche, la belle petite mécanique! il faut la briser.... après, nous irons à la machine à battre le blé et puis après au moulin, car c'est une mécanique aussi. Où sont les charrues? ce sont des mécaniques, puisque, dans le temps, on labourait avec des bêches.... Le curé allait encore parler d'inventions plus utiles, mais tous les villageois comprirent qu'ils allaient commettre une sottise et de plus un acte très-répréhensible. Ils revinrent à la raison, espérant que le mal causé par les mécaniques ne serait qu'un mal passager et qu'un jour des lois protectrices de tous les citoyens les feraient fonctionner au profit de l'intérêt général, que la République saura bien faire prévaloir, quoiqu'en disent ceux qui voudraient nous la faire haïr pour nous faire encore tuer les uns les autres, et nous remettre ensuite sous la verge des rois, qui nous ont toujours trompés, quand ils ne nous ont pas abrutis, volés et affamés....

Une autre fois, le bon curé allait visiter les prisons de la ville avec un aumônier de ses connaissances. On le fit entrer dans une vaste cour ou il y avait au moins cinquante détenus, tant voleurs que gens honnêtes, car malheureusement les portes de la prison s'ouvrent parfois pour l'innocence comme pour le crime. Il resta à peu près un quart d'heure au milieu de ces hommes, les consolant, les exhortant, appelant l'espérance et la charité dans le cœur de ceux qu'elles abandonnaient et qui blasphémaient le ciel en couvrant la société de malédictions. Au moment de sortir, il voulut prendre une prise, mais sa tabatière était disparue.

—Ah! mes amis, dit-il, vous m'avez pris ma tabatière! il faut me la rendre, mes amis! elle ne vaut pas grand chose, c'est du buis; mais j'y tiens beaucoup parce que j'y suis habitué. Voyons, voilà cinq francs pour celui qui me la remettra.... et je vais fermer les yeux pour ne pas le reconnaitre.

Mais les larrons ne se fièrent pas à cet homme de Dieu. Le gardien vint rouvrir la porte pour le faire sortir et il lui dit : — Voyez s'il ne vous manque rien, monsieur le pasteur, car s'il vous était dérobé quelque chose le coupable serait reconnu et sévèrement puni. » — Il ne me manque rien, s'empressa de répondre le bon curé. » Et quand il fut dehors il dit au gardien : — Ces pauvres malheureux ont voulu un souvenir de moi ; je leur ai donné ma tabatière. »

Passant un jour dans un petit sentier qui bordait les jardins du village, le bon curé entendit deux hommes se disputer d'une façon très-vive. Sans être curieux, il crut nécessaire de s'approcher d'eux et de s'enquérir de quoi il s'agissait, pour tâcher de les mettre d'accord. A son approche, les deux hommes firent silence et rougirent un peu.

—Tiens, c'est toi, Bernard, dit-il à l'un ; tiens,

c'est toi, Périn, dit-il à l'autre, vous causiez avec tant d'animation tout-à-l'heure que j'ai craint quelque brouille entre voisins, c'est pourquoi je me suis avancé. Voyons, est-ce que vous ne seriez pas d'accord ?

— C'est lui, dit Bernard.

— C'est moi ! reprit Périn, dis donc que c'est toi....

— Voilà l'affaire, Monsieur le curé, dit Bernard : mon père a planté ici un prunier en dedans de sa haie, le prunier a grandi, les branches se sont étendues. Aujourd'hui la moitié du fruit s'en va dans le jardin à Périn. Périn prétend que tout ce qui vient sur sa terre lui appartient ; moi, je dis que non ; lui, dit que si ; moi, je dis que non.... et voilà la dispute.

— Bernard, tu n'a pas de charges, dit le bon curé. Périn, lui, a une nombreuse famille, c'est à toi de te montrer bon frère : est-ce que les hommes ne sont pas faits pour s'entre aider ? Tu peux bien sans te ruiner céder quelques fruits aux pauvres petits enfants de ton voisin.

Tu n'es pas sans prier Dieu tous les jours ; que lui demandes-tu ? « que son règne arrive, que sa volonté soit faite sur la terre comme au ciel, qu'il te donne ton pain quotidien. » Eh bien, avec ton pain il te donne encore des fruits, c'est pour que tu puisses venir en aide à ton prochain, c'est pour que tu sois bon et charitable envers tes frères. Quand il faudra mourir tu n'emporteras pas ton prunier dans la tombe ! mais les bénédictions de ceux à qui tu auras fait du bien t'y suivront et elles accompagneront ton âme jusqu'au ciel....

Ce respectable ecclésiastique s'appelait l'abbé Bon-Cœur.

Attenant à son presbytère, il y avait les murs d'une ferme qui était exploitée par un bien honnête homme aussi, et que l'on appelait M. Lerare. Ce fermier était doué d'un cœur droit, d'une haute raison, d'un grand fonds de bonté naturelle et d'une probité qui ne s'était jamais démentie. Simple en toute chose, régulier, et même un peu austère dans ses mœurs, jamais il n'avait humilié ses serviteurs ni scandalisé son prochain. Il nourrissait ses ouvriers comme lui-même, leur montrait l'exemple de la tempérance dans le plaisir, et du courage dans le travail. Quand on partait aux champs, il était le premier; quand on rentrait le soir il était le dernier; et jamais il ne voulait excéder personne.

— Tu es vieux disait-il à Pierre, quitte une heure avant nous autres. Tu es malade, disait-il à Jean, va-t-en voir un peu ta femme et dis en passant à la mienne qu'elle ne vous laisse manquer de rien. Et toi, mon Louis! tu as sommeil? je le vois bien, tu es resté trop tard à la danse, hier ; regarde un peu, il faut pourtant que la besogne se fasse! allons, nous en viendrons à bout tout de même! va faire un somme à l'ombre, ça ira mieux tantôt. » Ce bon fermier était aussi simple dans son costume que dans son langage et dans ses habitudes. Il n'imitait pas ses confrères qui veulent suivre les modes de la ville, qui se pavannent sous des habits qu'ils ne savent pas porter et qui les rendent ridicules. Il aimait sa femme et il la respectait à l'égal de lui-même, comme chaque homme doit faire ; il chérissait ses enfants et il leur apprenait à être modestes, humbles ; à aimer les pauvres, à assister les malheureux, à vénérer les vieillards et à bien suivre ce précepte de l'évangile, qui ordonne « de ne pas faire porter à autrui des fardeaux que l'on ne voudrait pas toucher du bout du doigt. » Il y avait chez lui des servantes comme chez ses confrères, et au lieu de les brutaliser il était plein de compassion pour ces pauvres filles ; il les honorait sachant qu'elles remplissent des devoirs pénibles, et que plus leur travail est abject et repoussant, plus on doit leur avoir d'obligation, puisque ce travail est utile et indispensable même. Au lieu de les maltraiter, de les corrompre, et quelquefois d'abuser d'elles, il aurait rougi de les regarder seulement avec un mauvais désir ; il respectait la famille, celui-là, car celle des autres lui était aussi sacrée que la sienne. Enfin ce bon fermier avait des mœurs pures comme la lumière du soleil et il voulait que tous les hommes fussent dignes de respect, même ses salariés, les voulant toujours traiter d'égal à égal. Quand il trinquait à table avec ses amis, jamais leur conversation ne tombait dans les médisances absurdes ni dans les lieux-communs ignobles, si ordinaires aux conversations de ceux qui étaient ses voisins et ses confrères, et qui pour la plupart n'ont ni une idée dans la tête, ni un bon sentiment dans le cœur, — grossiers parvenus qui se croient tout permis parce que l'oppression leur est facile, et qui s'abrutissant chaque jour dans la matière, ne savent même plus rougir de leur affreuse dépravation. Quand, tous les huit jours, il allait au marché, jamais il ne comptait, comme ceux-là, sur son cheval pour le ramener à sa maison, et, malgré cela, il possédait encore une qualité peu commune dans sa classe : il ne se croyait pas le personnage le plus important de son village.

Assis sur un banc de gazon qui croissait auprès de leur porte, ces deux braves gens causaient un jour des nouvelles de Paris, de l'avenir de la République, du destin des pauvres travailleurs, dont ils connaissaient bien tous deux la misère profonde, la vie misérable, l'avenir précaire et de plus en plus embarrassant pour les directeurs de la société.

— Savez-vous, voisin, disait le bon prêtre, ce que les économistes actuels entendent par organisation du travail ?

Le fermier répondit : — De tous les systèmes mis en présence aujourd'hui par les différents chefs d'écoles socialistes, je ne vois qu'une chose immédiatement praticable, soit dans l'industrie, soit dans l'agriculture : *c'est l'association*.

— Quelle association, dit le bon curé, celle de Fourier, celle du Phalanstère, qui en dérive, celle d'Icarie, celle des communionistes ?

— Ni l'une ni l'autre de toutes celles-là, M. le curé.

— Voyons donc la vôtre ?

— La mienne, la voici, — du moins, c'est

celle dont j'ai entendu prêcher la théorie par des ouvriers, dont quelques-uns l'ont déjà mise en pratique, ce qui prouve qu'elle est réalisable, et que, pour l'établir, il n'y a pas besoin de bouleverser la société. — Supposons, par exemple, un atelier de cordonnier dans le régime industriel d'aujourd'hui. Prenons douze hommes en pleine activité avec un patron qui les dirige. C'est cet homme qui reçoit la pratique, qui prend les mesures, qui fait les acquisitions, qui tient registre des bénéfices et des pertes, du doit et de l'avoir, comme on dit. Cet homme est chef de son établissement, le chef suprême, sans responsabilité et sans contrôle. Les ouvriers doivent lui être soumis. Il ne tient qu'à lui d'être en très-bons rappports avec eux, de leur donner une journée raisonnable, même forte, relativement au prix de la journée qu'ils recevraient ailleurs chez ses confrères ; il y en a qui le font, j'en connais, et qui s'en trouvent bien ; mais il y en a aussi qui traitent leurs hommes de haut en bas, et qui leur donnent à gagner le moins possible. Maintenant, que le maître soit bon, qu'il soit mauvais, il faut lui obéir, non parce qu'il a acquis le droit de commandement par son talent, par ses vertus, par son dévouement à ses frères ; mais parce que d'une façon ou d'une autre, il est parvenu à se mettre à la tête d'un établissement. Il pourrait être un ivrogne, un paresseux, un mauvais époux, un mauvais voisin, un mauvais citoyen, et aussi un mauvais ouvrier, ou du moins le plus médiocre de tous ceux qu'il emploie, et pourtant douze hommes lui doivent obéissance et respect.

Sur ces douze hommes, le maître tire un bénéfice. Prenons-le dans la plus chétive proportion : cinquante centimes par jour et par homme. Voilà trente-six francs par semaine, cent quarante-quatre francs par mois ; voilà dix-sept ou dix-huit cents francs au bout de l'année. Qu'est-ce qui a sué pour gagner cela ? Les ouvriers. Qu'est-ce qui l'empoche, soit à son profit, soit à ses plaisirs ? Le maître. Est-ce juste? Oui, d'après certaines lois existantes; oui, d'après certaines mœurs actuelles ; oui encore, d'après la morale payenne que préconisent ceux qui veulent perpétuer l'esclavage dans le monde. Mais ces lois et ces mœurs sont modifiables, et dans une société chrétienne il faut une science chrétienne; des institutions chrétiennes, charitables, fraternelles, qui flétrissent l'exploitation de l'homme par l'homme au lieu de la préconiser, de la consacrer et de la glorifier.

Ecoutez un maître parler des ouvriers, il est rarement content d'eux. Que les ouvriers parlent de leurs maîtres, c'est à peu près la même chose, si ce n'est pis. De cet état d'antagonisme perpétuel naissent les révolutions qui nous font tant de mal. De maîtres à ouvriers les relations sont donc hostiles ; il y a donc du mal, c'est-à-dire de l'oppression, des injustices, des jalousies, des haines entre ces hommes, entre ces hommes qui sont tous sortis du sein d'une même mère, que Dieu a créés frères, pour s'entr'aider sans doute, plutôt que pour se haïr et se dévorer mutuellement....

— C'est bien vrai, dit le bon prêtre, mais comment faire? comment déplacer tant d'intérêts, comment déraciner tant d'habitudes consacrées, sans déposséder quelqu'un, sans nuire à quelques droits établis, sans bouleverser une société déjà bien affaiblie, bien tiraillée, bien incertaine de son avenir....

— Je vous l'ai dit : par *l'association volontaire* des ouvriers entr'eux. Prenons notre atelier de douze hommes tel qu'il est, laissons les ouvriers chacun dans leur ménage, vivre comme ils vivent d'habitude; qu'ils fassent leur journée de travail et qu'ils rentrent, le soir, chez eux comme de braves gens, mais ôtons le maître de parmi eux. Qu'ils achètent un fonds ou qu'ils le créent, associons-les tous les douze pour travailler, par un contrat que la loi autorise et qui garantisse la durée illimitée de la société, afin que le caprice d'aucun d'eux ne puisse la rompre. Voilà des hommes qui n'ont plus besoin d'être soumis à un autre homme qui se croit leur supérieur, des hommes qui se sentent libres, qui se moralisent entr'eux, qui ne donnent plus leurs sueurs à personne.

— Mais il faut un chef, il faut gérer la maison, il faut remplacer le maître, dit le bon prêtre.

— Oui, répondit le fermier, ces douze ouvriers vont prendre un chef, mais parmi eux, mais le meilleur d'entr'eux, mais un homme de leur choix, qui, tout en les commandant, restera leur égal ; qui étant le premier sera le serviteur des autres, qui sera le plus sage, le plus laborieux, et qui leur offrira le plus de garanties de moralité, de capacité et de dévouement. Cet homme sera élu *gérant temporaire*. Il remplacera le maître ; on lui obéira de bon cœur, parce qu'il sera l'élu, parce qu'il aura puisé le droit de commander dans l'assentiment de ses camarades, et que son pouvoir venant d'eux peut lui être ôté par eux dès qu'il n'en sera plus digne, pour passer à un autre, toujours par l'élection qui y appelle tout le monde et qui n'a de préférence que pour les plus vertueux.

Croyez-vous que ces hommes qui maintenant travaillent pour eux, vont négliger leur peine, vont fabriquer des objets défectueux que l'on ne pourra pas vendre, vont gâcher leurs outils et leur marchandise, vont mécontenter la pratique ? au contraire ; chacun d'eux va travailler avec plus de zèle, chacun d'eux va être économe de tout ce qui appartient à la maison, chacun d'eux va confectionner son ouvrage, de façon que l'acheteur ne soit jamais mécontent ni jamais trompé, car plus la maison aura bonne réputation et fera de bonnes affaires, plus les ouvriers-associés gagneront en bien-être et en réputation.

Ici le curé prit encore la parole : — Maintenant ; ces hommes vont-ils vivre d'accord ? comment seront-ils rétribués, est-ce à la journée et avec une somme égale ? est-ce aux pièces et chacun selon ce qu'il aura produit ?

— Quant à vivre d'accord, répondit le fermier, les ouvriers savent qu'il leur faut une discipline et ayant consenti à s'associer comme des frères ce ne sera pas pour vivre à la manière des brutes. D'ailleurs ils auront leur réglement intérieur, discuté entre tous et consenti entre tous. Il n'est jamais difficile de se soumettre à la loi que l'on a faite soi-même, loi toute de concorde et de fraternité, qui ne protége pas l'un au détriment de l'autre, et qui est à la fois la sauvegarde de la faiblesse et le frein de la violence. Quant à la rétribution, nous ferons encore intervenir l'évangile qui est le code suprême et qui dit: « A chacun selon ses œuvres ! » Ainsi, dans le même atelier, il peut y avoir deux ouvriers dont l'un gagnera six francs par jour, quand l'autre n'en gagnera que trois; c'est que le premier fera deux paires de souliers, quand le second n'en fera qu'une paire. Cela est de l'égalité, de la justice, et cela sert encore à l'émulation: je travaille beaucoup, je gagne à proportion; mon camarade est moins habile, moins fort que moi; il a peut-être moins d'aptitude à notre métier : ce n'est ni ma faute ni la sienne. Nous n'en sommes pas moins deux hommes respectables et deux bons amis. Pourquoi serait-il mécontent, envieux ou jaloux ! je n'ai aucune supériorité sur lui, aucune préférence. Ce que l'on me paie trois francs, on le lui paie aussi. Je ne m'enorgueillis pas de mon habileté. Demain je peux être malade, devenir faible, souffrant, ne plus gagner que deux francs par jour, moi, qui en gagnais six ! Il faudrait donc que je fusse jaloux à mon tour!..

— C'est bien, interrompit le bon curé, je comprends ; les ouvriers-associés conviennent entr'eux d'un prix de façon pour chaque objet qu'ils fabriquent, et donnent à chacun selon la somme de travail produit, ce qui est équitable, comme vous le disiez, car il ne faut pas que le paresseux puisse vivre au profit du courageux, ni empêcher qu'aucun homme tire de ses facultés tout ce qu'elles peuvent produire. Maintenant, vous parliez d'un bénéfice que prélevait le maître, et que vous aviez évalué, par supposition, à dix-sept ou dix-huit cents francs par an. Vous devez le retrouver dans l'association ; que faites-vous de ce bénéfice ?

Le fermier répondit :

— Les associés le partagent de la façon suivante. Ils font trois parts égales de ce bénéfice ; la première est répartie à portion égale et indistinctement entre tous les membres de l'association, ainsi, s'il y a dix-huit cents francs, le tiers est six cents francs, il y a douze associés, c'est chacun cinquante francs qui leur revient au bout de l'année ; l'autre tiers forme un fonds de réserve destiné aux besoins de l'association ; en cas de perte, de chômage, de maladie, on y a recours, et tout le monde y a un droit égal ; c'est la bourse de l'assistance mutuelle, chacun peut y puiser dès que l'on en a reconnu la nécessité. Plus tard, cela forme un fonds de réserve destiné à pensionner les vieillards et les infirmes, car l'homme qui travaille toute sa vie et tant qu'il a de force, ne doit pas périr de misère, un jour, au coin de la borne ; ni expirer loin de sa famille, dans l'abandon, sur le grabat d'un hôpital ; ni tomber de détresse en détresse et de chute en chute jusque dans ces égoûts humains que l'on nomme dépôt de mendicité. Il reste encore un tiers de boni. Cette somme est un dépôt sacré auquel personne ne touche, auquel personne n'a droit ; il est destiné à former un *capital social inaliénable*, et en s'augmentant chaque année il doit servir à perpétuer l'association, qui se sera créée non pour elle seule, non pour le profit exclusif de ses membres, non dans le but égoïste de son seul affranchissement et de ses jouissances personnelles, mais avec l'idée plus noble, plus élevée, plus généreuse, plus conforme à l'esprit chrétien qui doit la guider dans tous ses actes, d'aider à l'affranchissement des autres travailleurs, par ses enseignements, par son exemple, par ses sacrifices. Cette part, c'est le lot de l'avenir, c'est l'héritage de nos enfants, c'est la sécurité des générations futures qui viendront profiter de nos travaux, comme nous avons profité, nous, des travaux de nos pères, à qui nous devons tant de gloire et ces principes de liberté, d'égalité, de fraternité qui ne doivent plus périr....

— Pour lors, voisin, dit le bon prêtre, vous me dites qu'il y a des associations ainsi constituées et qui fonctionnent depuis long-temps déjà?

— Oui, répondit le fermier, je les ai vues et j'en ai été tellement édifié que je voudrais qu'elles fussent connues de toute la France, et voir tous les ouvriers les imiter. Comme ces ouvriers se sont choisis pour s'associer, ce sont les hommes les plus moraux, les plus laborieux, les plus dignes que je connaisse; leur atelier est à a fois une école de bonnes mœurs, de morale pratique, et de patriotisme éclairé. On reconnaît là des hommes qui se respectent, des frères qui s'aiment, des citoyens qui ne rêvent que le bonheur et la gloire de leur patrie; qui sont fiers d'être français, fiers du métier qu'ils exercent, fiers de l'indépendance qu'ils ont conquise, et qui regardent le travail comme la plus sainte des fonctions.

— Ils ont raison, dit le bon curé, c'est le travail qui nous nourrit tous, et qui nous donne, avec la vraie richesse, le moyen de subvenir à nos plus impérieuses nécessités. Sans l'homme qui forge le soc de la charrue, sans celui qui laboure la terre, il n'y aurait ni savant, ni prêtre, ni magistrat, ni artiste, ni soldat. Toutes ces différentes fonctions sont aussi utiles à l'organisation de la société que le travail manuel, mais on ne doit leur attribuer aucune supériorité sur lui. A l'avenir, si l'on établit une différence entre les hommes, ce ne doit plus être que celle de la vertu. Je vois avec bonheur qu'il y a des hommes qui s'occupent de l'amélioration du sort de leurs semblables, et qui restent sur le terrain pratique; car l'association, telle que vous venez de me l'indiquer, peut faire son chemin sans blesser les intérêts de personne, et elle est aussi bien praticable à l'industrie qu'à l'agriculture. L'association peut être appliquée, à une ferme comme à une fabrique. Du moment que les ouvriers sont moraux, et nos ouvriers français le sont pour la plupart, je ne vois rien qui puisse les empêcher de prospérer avec ce nouveau mode d'organisation.

Ainsi, dit le fermier, vous espérez, M. le curé, que les travailleurs pourront s'affranchir progressivement, et que les bienfaits de l'association seront médités et compris, même des plus ignorants.

— Je l'espère fermement. Toutes les saines pensées, toutes les idées généreuses prennent racine sur notre sol de France, pour, de là, s'étendre ensuite sur le monde. Rapprocher, unir les hommes, les élever à leurs propres yeux, glorifier le travail, donner à chacun le moyen de vivre en travaillant et d'élever sa famille d'une manière honorable, c'est peut-être le moyen de combler l'abîme des révolutions......

Ainsi parlèrent ces deux hommes de bien, et nous les proposons pour modèles à tous ceux qui repoussent toute idée de progrès avec une intolérance aveugle, tous genres d'améliorations dans la condition du pauvre peuple comme une atteinte portée à leur droit ou une menace faite à leur sécurité ; la science les condamne, la morale les réprouve, la religion laisse tomber sur eux cette sentence par la bouche d'un de ses apôtres : *Dieu maudit les possessions solitaires!* Puissent-ils la comprendre et revenir à des sentiments meilleurs envers leurs semblables ; puissent-ils ouvrir leur cœur à la charité, comme la France ouvrir le sien à l'espérance. (*)

(*) Dans ce petit opuscule, l'auteur n'a voulu qu'indiquer et mettre à la portée des plus simples intelligences, une des plus belles conceptions de la science chrétienne : un système d'organisation du travail peut-être appelé à régénérer le monde. Tout le fond des idées émises ici appartient au journal *l'Atelier*, que de simples ouvriers rédigent depuis bientôt dix ans avec autant de talent que d'abnégation et de savoir. C'est à cette source que l'on devra puiser si l'on tient à avoir des notions exactes et détaillées sur cette théorie qu'il faut bien se garder de juger sur cette faible et confuse esquisse.

Le journal *l'Atelier* tient ses bureaux rue Pavée-St-André-des-Arts, 11.

CHANSONS ET POÉSIES.

L'ORAGE.

A ma mère.

Il arriva qu'un jour (c'était un jour d'orage,)
J'étais seul en nos champs où croissent tant de fleurs,
Leurs parfums confondus ainsi que leurs couleurs
Tournoyaient sous le vent qui soufflait avec rage.
M'étant mis à l'abri sous un beau buisson vert,
De fruits d'été vermeils au loin semblant couvert,
J'entendis frissonner les rameaux sur ma tête,
Un oiseau s'envola; c'était une fauvette.
Et la grêle tombait! et le ciel obscurci
Pour l'imprudent oiseau me donnait grand souci.
Sachant prompte à frapper la foudre qu'on irrite
Doucement je disais : reviens, pauvre petite !
Ne crains rien, le malheur ne m'a pas fait méchant,
Ma joie est un sourire et ma plainte est un chant,
Pourquoi fuir! oh reviens! — comme le vent la pousse! —
Je te cède ma place et l'abri sur la mousse,

Aux tiens qui t'attendront que tu feras de mal !
Tu cours peut-être ainsi vers un terme fatal,
Le vent peut te jeter sur quelques landes nues
Où l'autour viendra fondre en te voyant des nues ;
Sur ton chemin l'enfant peut tendre ses réseaux ;
Tu peux tomber mourante aux bois ou dans les eaux.
Quelque reptile immonde et de ton sang avide
Là sera sans pitié pour ta chanson timide,
Il répandra sur toi son venin dangereux
Et l'air te sourira vainement généreux !
En quittant nos sillons tu quittes tes domaines ;
Il te faut la ramée et l'odeur de nos plaines.
Ainsi reste en ces lieux ; notre ciel est si doux !
L'orage passera, mais pendant son courroux,
L'homme prie, et l'oiseau doit replier son aile :
Sous ce feu menaçant toute existence est frêle ! —

Un éclair m'éblouit. Près d'un arbre lointain
Je l'avais vu voler, je m'y rendis soudain,
Et j'allais proférer quelque parole amère,
Mais je vis des petits : la fauvette était mère !
Plein d'un sentiment pur j'ai compris de ce jour,
Mère, ton cœur où Dieu mit pour moi tant d'amour....
        1840.

A MA JEUNE SŒUR.

Reste enfant.

Viens, avec ton sourire et ta chaste ignorance,
    Sans bruit et sans témoin,
Viens me rendre un instant mon bonheur de l'enfance,
    Bonheur déjà si loin !

Si tu vois sur mon front une ride profonde,
    Crains de m'interroger,
De deviner mon cœur, de connaître le monde,
    Et surtout, crains d'aimer....

Ces tourmens ignorés dont te sauve ton âge
    Ne les connais jamais,
Ou sitôt tu verrais s'enfuir de ton visage
    Les ris et les attraits.

Reste toujours enfant, et joyeuse et légère

Car il n'est de beaux jours
Que ceux où nous vivons auprès de notre mère,
Sans penser aux amours.

Pur et frêle bouton, crains la beauté des roses ;
Elles n'ont qu'un matin.
La plus belle à tes yeux parmi celles écloses
Sera morte demain.

Ainsi nous fait l'amour ! — tout invite à le suivre,
Il promet le plaisir.
Crédule, plein d'espoir, aujourd'hui l'on s'enivre,
Demain on veut mourir.

Garde ces doux pensers qui font rêver des anges
Au milieu du sommeil,
Pour que jamais un songe aux visions étranges
N'attriste ton réveil.

A l'heure de prier que toujours je te voie
Au temple du Seigneur,
Sous ton beau voile blanc, l'ame pleine de joie
Et de sainte ferveur.

Pour que sur mes genoux cherchant une caresse,
    Tu viennes bien long-temps
Épancher dans mon sein ta naïve tendresse
    Et tes ris éclatants.

A la mère de Dieu garde un culte et ton cierge,
    Conserve ton cœur pur.
Oh ! n'échange jamais ton nom si doux de vierge
    Pour quelque nom obscur....

                    1848.

LES MOUCHES.

A Emile Ancante.

Ainsi que des grands, sur la terre,
Filles des jeux et des zéphirs,
Suis-je aussi votre tributaire?
M'a-t-on créé pour vos plaisirs.

Si la paix vous est étrangère
Portez vos caprices ailleurs,
Reposez votre aile légère
Loin des malheureux travailleurs.

Ils ont bien assez de leur peine!
On ne doit pas importuner
Le pauvre esclave dont la chaine
Est déjà si lourde à traîner....

Dans un jour, s'il nous reste une heure

301

Consacrée à notre loisir,
Vous entrez dans notre demeure,
Et nous empêchez d'en jouir.

C'est mal à vous, petites mouches,
Nous, en proie à tant de tourments !
Et sans nul respect pour nos bouches,
De.... trotter sur nos aliments.

Pourtant, méchantes ! je vous aime.
Rien que pour vous voir envoler
Je souris, et de ma main même
Mille fois, je vous laisse aller....

Car vous avez ma sympathie ;
Et notre plaisir tant vanté
Me semble une froide apathie
Auprès de votre liberté....

Venez quand mon âme est contente,
Ébattez-vous sur mes bras nus,
Mordez où le morceau vous tente
Mais quand je lis ne venez plus !

Malgré ce que je vous tolère,
Nos jeux, notre vive amitié,
Dans un sot accès de colère
Je vous frapperais sans pitié.

Et si peu vous avez à vivre ;
Entendez-vous le vent mugir,
Vent bien froid que l'hiver va suivre ?
Peu de vous le verront venir

.....Mais jouez.—Heureux qui peut tendre
L'aile au vent qui va l'emporter ;
Voir le malheur sans le comprendre,
Passer les jours sans les compter !

Octobre.

L'ATTENTE.

> Je t'ai cherché dans le ciel,
> Et je t'ai rencontré sur la terre
> G S.

À la mémoire d'Angelique Diébol.

J'ignore ton doux nom, ma belle jeune fille,
Et pourtant chaque soir, dès que l'étoile brille,
Toujours je viens m'asseoir où je te vis rêver,
Mais tu n'y reviens plus!... craindrais-tu ma présence?
Je ne suis pas de ceux qui trompent l'innocence.
Pourquoi rester cachée, enfant! viens me trouver....

Viens, j'aurai des parfums pour embaumer ta couche,
Des fleurs pour tes cheveux et du miel pour ta bouche,
Pour ton cœur mon amour, pour ta voix mes chansons.
Je suis pauvre.... qu'importe? il me suffit pour vivre
Du pain de mes labeurs, d'un baiser qui m'enivre :
L'oiseau trouve un festin dans le fruit des buissons!

Viens, tes jours seront purs et tes nuits seront douces ;
Sous chacun de tes pas j'étalerai des mousses ;
A tes côtés ma muse arrêtera son vol.
Elle sera ta sœur ; illuminant ta voie
Elle te conduira de l'espoir à la joie,
Sans froisser tes pieds blancs sur les cailloux du sol.

Ne crains pas le malheur ; s'il menace nos têtes
Nous nous refugîrons au monde des poètes,
Monde des visions où tout apparaît beau,
Où les esprits sont doux comme les tourterelles,
Où l'âme en liberté peut déployer ses ailes
Sans heurter, éperdue, aux pierres d'un tombeau.

Là, pas de nuit de deuil ni de jour de souffrance :
Tout autel a son culte et tout cœur sa croyance :
Un prisme se répand sur la réalité.
Quand las de cette vie on cherche à s'y soustraire,
La fantaisie arrive en sa brillante sphère,
Et l'erreur à nos yeux semble la vérité.

Viens, j'ai des chants sacrés aux notes solennelles
Pour élever ton âme aux beautés éternelles.

J'attends mon jour de gloire et t'en lègue ma part.
Ton être grandira de toutes mes pensées
Et je te parerai, comme les fiancées,
D'un bandeau virginal éclos sous mon regard.

Viens, je te bercerai du récit de mes rêves,
Sous l'aile du zéphir, au bruit du flot des grèves
Qui réfléchit les cieux près des roseaux penchés.
Je n'ai pas révélé toute mon ame aux hommes;
Leur froide indifférence en ce siècle où nous sommes
De mes trésors secrets eût fait des maux cachés.

Fais du bien ici-bas pour y vivre bénie,
Tends une main propice à mon faible génie,
Le ciel aura des dons pour t'en récompenser :
Et moi, j'aurai pour toi cet amour sans mélange
Qui fait qu'à nos regards une femme est un ange,
Qu'on l'adore à genoux sans jamais l'offenser....

Jeune encor, le passé n'a laissé sur ma vie
Nul triste souvenir. Aimant la poésie
J'ai vécu loin du monde; on le disait méchant,
Et j'avais peur de lui.—Seul, j'aimai mieux dans l'ombre

Vivre obscur et pensif, mystérieux et sombre,
Que de sacrifier mes goûts à son penchant.

Je n'enviai jamais le luxe et la richesse
Qui sèment autour d'eux les pleurs et la détresse :
D'être heureux à ce prix j'aurais trop de regrets.
Oh! non, je ne veux pas suivre l'avide foule,
Ce torrent qui vers l'or incessamment s'écoule :
Je veux aimer, aimer, et puis mourir après!

Chaque déclin du jour, la route accoutumée
Vers le lieu consacré le vit porter ses pas.
Il attendit long-temps la douce bien aimée,
Mais sans la voir venir : elle n'entendit pas!

Au travail *incessant* trop jeune condamnée,
Elle ajoutait les nuits aux longueurs de nos jours.
Mais elle y succomba, la pauvre infortunée :
Faible, chez nous la femme ainsi finit toujours!...

AUX UTOPISTES.

Vox populi, vox Dei.

Chaque jour, au siècle où nous sommes,
Pour tracer une voie aux hommes
L'un d'eux vient se dire inspiré :
Il se lève, il parle..... il succombe,
Et l'oubli laisse sur sa tombe
Un livre, un manteau déchiré....

Contempteur des divins mystères,
Dans ses haillons héréditaires
Un autre se drape à son tour,
Et malgré l'élan qui l'enflamme
Rien de pur ne sort de son âme :
Il s'efface au soleil d'un jour....

Puis, avec l'aurore nouvelle
Vient leur successeur plein de zèle :
« — Nos efforts sont donc superflus !

En vain tonnent vos Jérémies,
Dans l'abjection endormies
Nations, vous n'écoutez plus!... »

LA VOIX DU PEUPLE.

Pour changer les destins du monde
Il faut la sagesse profonde
De ceux que bénit l'Éternel,
Il faut cette voix du prophète,
Cet éclat d'une blanche tête
Que couronne un rayon du ciel.

Il faut, comme un autre Moïse,
Montrer une terre promise
A ceux dont le cœur est soumis.
Et, par un prodige sublime,
Séparer les eaux de l'abîme
Pour engloutir ses ennemis.

Plein de sa mission suprême
Il faut comme le Christ lui-même
Vivre saintement, et mourir;
Plaindre la main qui nous outrage

Et si l'on nous crache au visage
Pardonner au lieu de punir.

Il faut surtout prêcher d'exemple
Pour que chaque homme nous contemple
Comme un être meilleur que soi ;
L'aimer comme on aime son frère,
Être le flambeau qui l'éclaire,
Et par l'amour montrer la foi :

Sinon, la plus sainte morale,
Comme en une nuit infernale,
Va se perdre dans la clameur
Que hurle, impie et corrompue,
La caste orgueilleuse et repue
Qui se rit des lois du Sauveur.

Si la foi redevient muette
Si l'humanité s'inquiète
Cherchons avec sincérité
Le bien sans systèmes étranges ;
Confions-nous à deux bons anges :
La Justice et la Charité.

L'OUVRIÈRE.

A Bérangère, l'empailleuse de chaises.

— Quand je te vois passer, agile jeune fille,
Pour aller au travail, riante et si gentille,
Parfois je me surprends à rêver, quoique vieux,
Et parfois je me dis, dans mon cœur qui soupire :
Que ne suis-je auprès d'elle! en la voyant sourire,
J'oublirais le malheur et je serais heureux.

Tu dérides mon front, tu calmes ma pensée;
Je ne suis plus le même, enfant, quand je te vois ;
Mon cœur se rajeunit, et mon âme insensée
Cherche à prendre l'essor pour voler avec toi.
Je partage en espoir ta vie et ta retraite,
Ton pain et tes labeurs, tes secrets et tes jeux,
Si tu chantes je chante, et ma voix indiscrète
Se marie aux accords de tes refrains joyeux.

Pour être aimée, enfant, reste ainsi pure et belle,
Ne livre pas ta vie aux vulgaires amours;
Ange, crains de souiller ta tunique ou ton aile
Dans ces chemins mauvais où tu passes toujours.
Du faste des puissants dédaigne l'insolence,
Qu'un simple velours noir serve à parer ton sein ;
Brille par des vertus et par l'intelligence,
Et vis de ton travail car le travail est saint.

Laisse des insensés poursuivre la chimère
De leurs plaisirs bruyants pleins de fâcheux retours ;
De ta condition sois heureuse et sois fière,
Et forte de ta foi brave les mauvais jours.
Pour lui montrer le bien attire à toi la foule;
C'est un aveugle-né qui vivrait simple et bon
S'il suivait son penchant comme l'eau qui s'écoule,
S'il était entouré d'amour et de pardon.

Fille du peuple fort, l'évangile t'éclaire,
Le bien que tu répands rend ton fardeau léger,
Tu ne redoutes rien du géant populaire :
Il ne t'enverra pas mourir chez l'étranger !
Le soleil te sourit et tu vois l'hirondelle

Pendre à ton toit joyeux son nid chaque printemps ;
Et vers d'autres climats lorsque Dieu la rappelle,
Tu peux toujours lui dire : — à bientôt, je t'attends.

Des mortels enviés tu connais l'amertume ;
Ils cachent leurs soucis sous des dehors brillants,
L'oisiveté les ronge et l'orgueil les consume,
Ce sont des nains vieillis, usés et défaillants.
Ils n'ont pas de vertus, ils n'ont plus de courage ;
De leurs aïeux envain ils montrent le blason ;
Nul ne les reconnaît, on les raille au passage ;
Le lion semble un singe et l'aigle est un oison.

Aime ta mère, enfant, aime-la bien, c'est elle
Qui te berçait le jour, qui te veillait la nuit,
Qui sur ta lèvre rose épanchait sa mamelle,
En écartant de toi jusqu'au plus léger bruit.
Plus tard, quand tu venais, en jouant, de la plaine,
Prendre place au foyer sur ses genoux tremblants,
Si le feu vous manquait tu trouvais son haleine
Pour réchauffer ta bouche et tes petits doigts blancs.

Aime aussi, jeune fille, aime ta chambre obscure,

Sobre comme l'oiseau, chante, ris, marche à pied,
Prends pour soutien l'outil que ta main apte et sûre
Fait jouer sur la paille où le pauvre s'assied.
Et si parfois ma muse en son vol affermie
Ose approcher ton seuil et t'invoque à genoux,
Connais-moi tout entier et deviens mon amie :
C'est le nom le plus pur, c'est le mot le plus doux.

ENVOI.

Tous les jours renfermé comme l'insecte sombre
Qui tisse des filets qu'on lui doit enlever,
Pour le bonheur des miens je travaille dans l'ombre,
Et je n'ai que la nuit pour vivre.... et pour rêver !
Mais c'est assez pour moi, puisque sous la couronne
De la vertu du peuple et d'un ange adoré,
Devant mes yeux ravis ton image rayonne,
Et sourit à des chants que tu m'as inspiré.

LES DEUX SŒURS.

A Mademoiselle Louise P..

Quand la brise des nuits à mes côtés soupire,
Une main sur mon cœur et l'autre sur ma lyre,
   J'écoute tes leçons,
Muse, de mes chagrins confidente discrète,
Chante, c'est mon bonheur, c'est ma plus douce fête,
   Au monde où nous vivons.

Dans les plus durs travaux tu soutiens mon courage,
Tu me parles d'espoir, et ta voix me présage
   Un peu de liberté;
Ton prisme se répand sur toute la nature ;
Avec lui tout grandit, tout rayonne et s'épure,
   Tout devient enchanté.

J'oublie auprès de toi tous les plaisirs frivoles;
Mon âme émerveillée à tes saintes paroles

Croit s'approcher du ciel ;
Heureux qui peut toujours t'abandonner sa vie ;
A ses loisirs secrets, heureux qui te convie,
  Et va goûter ton miel !

Mais, moi, pauvre artisan, je dois remplir ma tâche,
Travailler tous les jours, sans paix et sans relâche.
  Et lorsque vient le soir,
En vain j'entends ta voix, la fatigue m'accable,
Je tombe exténué sur mon lit misérable,
  Sans force, sans espoir.

Mais d'un pesant sommeil bientôt victorieuse,
Ma pensée en élans suit sa course fougueuse
  Vers l'idéal séjour ;
C'est alors que tranquille à l'abri de ton aile,
Je retrouve, inspiré, l'espérance et mon zèle,
  Et mes rêves du jour.

Féconde mes efforts, grandis ton harmonie,
Fais rayonner mon front sous l'éclair du génie,
  Afin qu'en l'avenir
Mon nom ait un écho qui de l'oubli le garde ;

Qu'on l'invoque parfois, et que chacun en garde
Un chaste souvenir.

Que mes récits soient doux, touchants, mélancoliques ;
Répands sur leurs accords des charmes poétiques
Qui m'attachent les cœurs ;
Aux lauriers glorieux si je n'ose prétendre,
Qu'un ami qui m'écoute et sache me comprendre
Me couronne de fleurs.

Il est beau d'élever au-dessus du vulgaire
Un front majestueux où brille la lumière
D'un mystique rayon ;
Mais il est des écueils sous l'Océan superbe,
J'aime mieux le ruisseau qui coule, humble, dans l'herbe,
Sans éclat et sans nom.

Mais pour rester à toi, muse, ô ma chère idole,
L'ouvrier n'est pas libre, et rien ne l'en console ;
Pour lui pas de concert,
Pas de retraite aimable, où dans la solitude,
Il puisse se livrer aux charmes de l'étude,
Pas de manne au désert !

Vois! pour suivre ton vol à la course féconde,
Il faut, libre du soin des choses de ce monde,
  Tout fuir, tout oublier.
Et parfois le dédain nous attache à la terre,
Nos jours sont sans soleil et nos nuits sans mystère;
  Sur qui nous appuyer?

Aussi je te délaisse, si tu me crois volage! —
Si j'écoute une femme au bienfaisant langage,
  N'en vas pas murmurer!
C'est en pensant à toi que je la trouve belle;
En l'aimant, tu le vois, je te reste fidèle,
  Car l'aimer, c'est t'aimer.

Bien que nulle à mes yeux ne semble ton égale
J'écoute comme toi ta modeste rivale;
  L'homme a besoin d'appui;
Pour bannir de son âme et la crainte et le doute,
Il faut qu'un ange aimé le guide sur la route,
  En marchant près de lui.

Quand l'inspiration m'appelle — pauvre esclave! —
Je dis en souriant sous ma pénible entrave:

Vierge divine, attends!
Au seuil de l'atelier elle s'assied et chante.
Mais lassée à la fin, j'entends sa voix touchante ;
Me dire : il n'est plus temps...

C'est alors que ta sœur, affectueuse et douce
Vient prendre dans ses mains, ma main qui la repousse ;
Qu'interrogeant mes yeux,
Elle cherche mes maux avec inquiétude ;
Entouré de ses soins, de sa sollicitude,
Je me sens plus heureux.

Toutes deux vous avez mon égale tendresse,
Vous connaissez mes vœux, mes penchants...ma faiblesse,
Ne me quittez jamais.
Gardez-moi votre amour, pour aider ma constance,
Pour que, content du sort et bercé d'espérance,
Je vive désormais.

UNE PLAINTE.

A C. ouvrier cordonnier.

« — Quoique fille du ciel, l'espérance est trompeuse,
Elle m'a dit longtemps : pauvre âme souffreteuse,
Dieu qui t'entend gémir te réserve un beau jour ;
Mais chaque aube, pareil mon soleil se relève,
Et quand viendra la fin d'un si pénible rêve,
J'aurai passé sans gloire, et vécu sans amour.

Candide et confiant, aux jours de la jeunesse,
J'aurais donné mon cœur pour la moindre caresse,
Et mes vœux les plus purs sont restés incompris ;
Je n'ai trouvé partout que cette indifférence,
Que ces dédains amers d'un monde sans croyance,
Qui fait la pauvreté compagne du mépris.

Quand j'ai voulu chanter, on railla mon délire.

Mais je me plains à tort.... anéantis ta lyre,
Fais taire ta pensée, obscur compétiteur ;
A des labeurs abjects ta vie est condamnée,
Par tes grossiers accents la muse est profanée,
Tu froisses les regards, peux-tu parler au cœur ?

C'est folie en effet ! j'aurais dû le comprendre,
Et rester ignoré sans me lasser d'attendre;
Mais chaque prisonnier cherche la liberté :
Le cheval mord son frein, l'aigle abat les nuages,
Les flots en mugissant rongent toutes les plages,
Et moi, je m'indignais dans mon obscurité.

Inspiré, je rêvais de splendides lumières,
Le respect des palais et l'amour des chaumières,
Le monde m'écoutant, pensif et prosterné;
Comme un reflet vivant de l'éclat de ma gloire,
Les beautés à l'envi célébrant ma mémoire,
Et l'indigent baisant mon seuil abandonné.

L'illusion n'est plus! dans mon âme contrainte,
Du feu pur et sacré la flamme s'est éteinte;
Je marche avec effroi vers un sombre avenir.

Revenu pour toujours aux choses positives,
Je me trouve semblable à ces pauvres captives
Qui loin du sol natal pleurent de souvenir.... »

— C'est ainsi que ta voix, doux chantre qu'on ignore,
Murmure un hymne et meurt oubliée au désert ;
Mais moi qui te comprends j'y réponds dès l'aurore,
Heureux de m'éveiller à ce lointain concert.

Frère, relève-toi, reprends force et courage,
Soldat blessé mais fier, cherche encor les combats ;
Nul travail n'avilit, c'est à nous d'être sage,
Et de mépriser ceux qui ne travaillent pas.

Quand tu sens dans ton cœur bouillonner ta pensée,
Ne la comprime plus, car c'est un don sacré ;
Dédaigne les clameurs d'une tourbe insensée,
Le poète est puissant quand il est inspiré.

Dieu qui mit sur ton front ce signe : — Intelligence,
Te réserve sans doute un glorieux destin ;
Vers le but aspiré, marche, ton jour s'avance,
Marche, ne vois-tu pas l'étoile du matin ?

Ah ! si nous faiblissons, nous, la race féconde,
Nous, travailleurs bénis des mains du créateur,
Qui donc se dévoûra pour le salut du monde ?
L'avenir veut encor le sang d'un rédempteur....

Janvier, 1848.

SOUVENIRS D'ENFANCE.

>L'enfance est pleine de doux souvenirs, et quand on a marché long-temps dans la vie, voyageur lassé, on aime à revenir vers cette source pure que l'on dédaigne au départ; que l'on quitte, plein d'impatience pour un avenir qui nous sourit et qui souvent reste vide; pour des espérances qui brillent, et qu'un souffle du malheur éteint comme la lampe de nos veilles dans une nuit d'orage.
>
>L'arbre des illusions a aussi ses feuilles d'automne !

A madame Clesynger.

Je crois revoir aux jours bien chers à mon enfance
L'herbe sur nos vieux murs, la fleur qui s'y balance ;
Voir nos toits s'ébranler sous les vents déchaînés,
Tandis que l'on s'empresse, au fond de notre étable,
Autour du narrateur d'un conte épouvantable
Parlant de revenants, de morts et de damnés.

Je me rappelle encor la fable que j'ai lue

Au pied de l'humble croix que tout passant salue,
Où pâtre et pélerin s'arrêtent tour-à-tour ;
Et près du seuil de bois de ma pauvre chaumière,
Les petits enfants nus, jouant dans la poussière,
Et riant au soleil tant que dure le jour.

Dans la prairie en fleurs, sous les peupliers souples,
Ecolier vagabond, je vois de jeunes couples
Qui se parlent tout bas d'espoir et d'avenir,
Dans ce langage aimant, doux, chaste et solitaire,
Que le ciel doit parfois envier à la terre,
Et dont chacun de nous garde le souvenir.

Puis, les blés ont mûri ; — je vois des jeunes filles
Qui reviennent des champs agitant leurs faucilles,
— Essaim bruyant et fou qu'un rien fait sourciller ;
Qui croit sans cesse ouïr des bruits dans le bois sombre,
Qui frissonne en voyant se dessiner son ombre,
Quand d'un soudain éclat la lune vient briller.

Notre coq a chanté, sa voix retentissante
Me rappelle bientôt certain œuf qui me tente ;
Maman me l'a promis, je l'irai dénicher....

Et j'entends dans la cour l'âne au voisin Antoine,
Qui demande à grand bruit son picotin d'avoine ;
Ils s'en vont au moulin.... s'ils venaient me chercher !

Tout s'agite chez nous. Un enfant vient de naître,
Ange aux yeux endormis que je crois reconnaître,
Et qui déjà s'enivre au banquet maternel ;
L'âtre s'est égayé du grand feu qui pétille,
Et j'y prends place auprès de toute la famille
Réunie à dessein pour ce jour solennel.

Encore un jour béni ; — la fête patronale
S'annonce aux cris joyeux de sa voix matinale :
Les marchands de jouets y sont d'un nombre fou ;
Que je voudrais donner un tambour à mon frère,
A ma sœur, la poupée en habit de bergère,
Voyons, fouillons-nous bien... hélas ! je n'ai qu'un sou !

Voici venir à moi le pasteur du village,
Saint homme s'il en fût, vrai modèle du sage,
Il sourit à nos jeux dont je suis le vainqueur ;
Il parle, et j'ai déjà tout quitté pour l'entendre ;
Avide de savoir, dès l'âge le plus tendre,

L'entretien des vieillards était doux à mon cœur.

Sur le haut colombier mon pigeon blanc roucoule.
— Il pleut ; je vois grossir l'eau claire qui s'écoule
Où mes petits bateaux ont navigué jadis...
Je retrouve ces monts où j'allais dès l'aurore
Voir lever le soleil... ici j'y vais encore,
Mais triste et déjà vieux, mais loin de mon pays !

Qui me rendra les biens que mon âme regrette !
En vivant oublié dans l'ombre et la retraite,
Je ne demande à Dieu ni gloire ni trésors ;
Je soupire au passé, j'appelle mon enfance
Avec ses jours sereins et sa douce ignorance,
Insoucieux, aimé, j'étais heureux alors...

Désormais j'aime au ciel voir les sombres nuages
S'élancer l'un sur l'autre en géants furieux ;
Et leur choc imposant précurseur des orages,
Fait tressaillir mon cœur bouleversé comme eux !

A mes modestes vers, souriez-vous, Madame,
C'est l'encens le plus pur que j'aie à vous offrir,

J'ai voulu de ses maux distraire un peu votre âme ;
Mais, que puis-je pour elle ? — espérer et souffrir.

Pour la fixer une heure à ces rimes frivoles,
J'ai médité long-temps des accords purs et doux ;
J'ai cherché dans mon cœur de suaves paroles,
Mais je n'ai rien trouvé qui fût digne de vous.

Paris, 184..

CONSEILS DE FRÈRE.

A Madame Ory, blanchisseuse à Étrepilly.

C'est pour toi, ma sœur, que j'implore
La muse des premiers amours;
Celle qui chante à notre aurore,
Et qui fuit avec nos beaux jours....
Dans mon atelier, pauvre esclave,
Je lui demande un chant suave
Qui puisse t'égayer un peu,
Quand tu vas, près de ta famille,
Embrassant ton fils et ta fille,
Le soir, causer au coin du feu.

Je vois d'ici ta maisonnette
Aux murs de pampres décorés,
Le jardin où, chaste et discrète,
Tu berces tes rêves dorés.
Et quand la brise passagère,
Agite son aile légère,
Avec elle je veux partir,

Partir, ma sœur, pour t'aller rendre
L'émotion profonde et tendre
Que tes beaux vers m'ont fait sentir.

Souvent, ma pensée inquiète
M'emporte au pied de ces buissons,
Où tu dois, naïve fauvette,
A l'écho livrer tes chansons....
Ému par l'hymne qui commence,
Je me recueille et fais silence,
Jusqu'à l'heure où tout doit finir,
Et quand le dernier son s'achève,
C'est alors que je me relève
Pour te fêter et t'applaudir.

Mais qu'ai-je entendu, sainte femme,
Quels mots viens-tu de prononcer?
Pour qui ces parfums de ton ame,
Et quel nom viens-tu d'encenser?
Quand les actes devaient t'instruire,
Quel prisme a donc pu te séduire
Pour ces modernes flibustiers,
Pour ces écrivains du négoce,

Qui d'un sublime sacerdoce,
Ont fait le plus vil des métiers.

Chante pour bénir l'indigence
Le travail et la pauvreté ;
Ce sont eux qu'il faut qu'on encense,
Non le vice et la vanité.
Sous l'œil de Dieu qui nous regarde,
Le travail est la sauvegarde
De tant de méfaits accomplis ;
Le faste est un démon qui tente,
Et souvent la robe éclatante,
Cache l'opprobre dans ses plis.

Déjà tu te plains de l'envie !
Toi si douce, ô sœur ! apprends-moi
Ce qui peut faire dans ta vie,
Que ce monstre s'attache à toi.
Fille de nos rangs populaires,
As-tu parlé dans tes colères
Avec trop de sévérité ?
As-tu sur le richard stupide,
Laissé tomber un mot *perfide*

331

Qui lui montre la vérité?...

Sœur, défions-nous de nous-mêmes,
Gardons surtout notre humble seuil
De tous ces mouvemens extrêmes
Qui sont suggérés par l'orgueil.
Nous devons un exemple au monde.
De tout esprit que Dieu féconde,
Le plus beau titre est la bonté.
Aux méchants laissons leur vengeance ;
Plus nous sentons notre puissance,
Plus il nous faut d'humilité.

Si quelque pédant de village,
Si des parvenus mal-appris
Te jettent le blâme ou l'outrage,
N'y réponds pas dans tes écrits.
Garde une prudente réserve ;
C'est ainsi que l'on se conserve
Au-dessus d'un monde envieux.
Que tous tes chants soient d'espérance,
Que tous tes vœux soient pour la France,
Et tous tes soupirs pour les cieux !

UN VOEU.

> Il n'y a pas pour l'homme, d'harmonie plus douce que la voix de la femme qu'il aime.
> LABRUYÈRE.

C'était un soir d'été, mélancolique et sombre,
Il marchait au hasard quand il la vit soudain,
Belle et triste à la fois, — doux rayon parmi l'ombre —
Et depuis, plus pensif, il suivait ce chemin.

On l'entendait parler, pensant que vers cette âme,
Un écho sympathique allait porter ses mots.
Peut-être il s'abusait.... quand on aime une femme,
L'illusion nous suit : c'est l'espoir sur les flots.

Moi, taciturne enfant, d'émotions avide,
Pour former des accords je recueillais les bruits ;
Et sa plainte inquiète, en traversant le vide,
M'arriva confondue avec la voix des nuits.

Il disait : — Malgré moi ton charme ici m'attire,
Sans t'occuper de lui, tu rends mon cœur joyeux.
Comme une main distraite, en jouant sur la lyre,
Parfois en fait jaillir des sons mélodieux.

Laisse flotter au vent ta blonde chevelure,
Au zéphir caressant laisse toucher ton sein,
Pour que leur doux parfum se mêle à son murmure,
Et vienne jusqu'à moi comme un souffle divin.

Chaque jour je te vois sur ton balcon, pensive,
Le cœur gros de soupirs et des pleurs dans les yeux ;
Ainsi qu'une exilée, au loin des siens captive,
Ton doux visage est triste et ton front soucieux.

Si jeune ! as-tu déjà des regrets, des alarmes,
Ton rêve de bonheur est-il désenchanté ?
Est-ce un volage ami qui fait couler tes larmes ?
Un bien perdu : l'amour, la foi, la liberté ?

Tu n'as pas à rougir, car tu sembles un ange,
On voit sous ta pâleur briller un noble orgueil.
Mais pourquoi ce sourire aussi triste qu'étrange,
Et ce morne abandon, et cet habit de deuil ?

Tu frissonnes quand vient la pauvre mendiante,
Et détournes la vue à son air attristé.....
Secours son indigence, elle est vieille, souffrante;
Montre que ta douceur répond à ta beauté.

C'est ta sœur devant Dieu. N'as-tu donc rien pour elle,
Un mot qui la console, un signe affectueux ?
Une femme insensible on ne la voit plus belle....
Pardon, tu ne peux rien, être mystérieux.

Oh ! pourtant, ta retraite annonce l'opulence ;
Quand pour suivre tes pas j'ai plongé mon regard
Dans l'enceinte où, le soir, tu caches ta souffrance,
Il m'a semblé voir l'or briller de toute part.

Ce qui flétrit tes jours, est-ce un dédain du monde,
Au fond de ses plaisirs as-tu trouvé du fiel?
En chagrins ignorés notre vie est féconde :
Pour oublier ses maux, tourne ton âme au ciel.

Inquiet, quand mon cœur se fixe à ton image,
Je tourne mes regards vers ta place du jour,
Et je prie en disant : rendez à son jeune âge,
Mon Dieu, rendez la foi, l'espérance et l'amour!

La foi, sainte vertu, qui de tout nous console ;
L'espérance au long vol, qui nous sourit toujours ;
L'amour, divin trésor, éblouissante idole,
Prestige séduisant, charme des plus beaux jours.

C'est mon vœu le plus cher, c'est ma sollicitude,
Donnez-moi tous ses maux, gardez-lui le bonheur !
Un peu d'air et du pain ; puis, dans ma solitude,
Un écho de ses chants : je vous bénis, Seigneur. —

Et, comme un faible son qui perce le mystère,
Vint bruire une voix qui lui disait : — « Merci !
» Je ne chanterai plus..... La mort m'a pris ma mère,
» Vous qui priez pour moi, priez pour elle aussi.

» L'or qui brille en ces murs n'est plus en ma puissance :
» Un gardien infidèle a dévoré mon bien.
» J'aimais la secourir, et je crains l'indigence ;
» Faible, on m'a dépouillée, il ne me reste rien ! »

— Le vent continuait d'agiter le feuillage,
Le flot sur chaque grève apportait des rumeurs ;
Et, rêveur attendri, j'écrivis cette page,
Oublieux pour un jour de plus tristes clameurs.

LA MUSE ET LA NÉCESSITÉ.

A la mère de mon fils.

« L'hirondelle revient. — Voici des fleurs écloses,
Le miel et les parfums dans l'air sont confondus,
C'est la saison des chants, poëte, et tu reposes,
Tes attributs divins aux murs sont suspendus.

La nature avec pompe étale ses merveilles,
Le jeune agneau bondit sur les monts empourprés;
Des soleils chauds et doux ont remplacé les veilles,
L'émeraude scintille à chaque herbe des prés.

Les roseaux caressants baisent l'eau murmurante,
Aux sillons encor verts sautille la perdrix;
Les chemins sont jonchés d'une neige odorante
Que le vent fait tomber des cerisiers fleuris.

De précoces bourgeons palpitent sur la branche,

Le souple chèvrefeuille aux arbustes s'unit;
La violette arrive et l'aubépine blanche
Couvre de ses rameaux les oiseaux dans leur nid.

Le ruisseau qui serpente aux flancs de la montagne
Sur ses cailloux d'argent roule tranquille et clair;
Une douce harmonie en ces lieux l'accompagne :
Tout est musique au cœur, tout est parfum dans l'air.

C'est l'espoir des beaux jours, c'est la saison première.
L'aurore a salué son enfant adoré;
L'étoile a ravivé sa céleste lumière,
D'or, de pourpre et d'azur le ciel s'est coloré.

Le gazon a poussé sur les feuilles tombées,
L'abeille au léger vol, joue avec le zéphir,
La terre ouvre son sein aux nombreux scarabées
Tout moirés, tout couverts de robes de saphir.

Le cœur de la colombe a frémi sous son aile,
Ses appels langoureux font rêver aux amours :
Aimant, sensible et doux, poëte, fais comme elle;
D'une volupté pure enivre encor tes jours.

La paix t'a ménagé de bien belles retraites
Au bois mystérieux, fraîchement revêtu ;
Chante, et dans l'avenir tes couronnes sont prêtes,
Poète, viens à moi... doux ami, m'entends-tu ? »

— Oui ! mais je dois ma vie aux labeurs de la terre ;
Ce que tu veux de moi, le ciel me le défend ;
Il faut dans son grenier, du feu pour mon vieux père,
Et chaque jour, du pain pour nourrir mon enfant.

Partout, en chaque lieu, qu'il rêve ou qu'il sommeille,
Comme un serpent caché pour enlacer ses pas,
Auprès du travailleur la nécessité veille :
— Farouche déité qui voit, mais n'entend pas ! —

On dit que le poète a gardé dans son âme,
Bien des trésors cachés que Dieu seul a connus,
Un ange a pris pour lui la forme d'une femme ;
Mais les jours glorieux ne sont jamais venus.

L'OUVRIER ET SON ENFANT.

> Respecte la pureté des tendres vierges, ne leur prends pas même la main avec violence.
>
> Ne te nourris pas des restes d'une table étrangère ; dois à toi-même ta subsistance, et ne l'achète pas au prix de l'ignominie.
>
> Travaille ; tu dois payer ta vie par tes travaux. Le paresseux fait un vol à la société.
> *Sentences de Phocylide.*

A Bourdin, ouvrier mécanicien.

Dans ton berceau d'osier, dors, mon beau petit ange,
Ma main qui ta bercé va travailler pour toi ;
Que le bruit du marteau jamais ne te dérange ;
Pour te nourrir, vois-tu, je n'ai que cela, moi !

Oh ! viens sur mes genoux dès que tu te réveilles,
Petit enfant chéri..... tu ne sais pas combien
Après mon labeur rude et mes pénibles veilles,
Ta vue et ton sourire à mon cœur font du bien.

Tu grandiras un jour, pour soulager mes peines,
Pour aider de tes bras mon vieux bras fatigué,
Tu sentiras alors ce que pèsent nos chaînes,
Mais jusque-là, du moins, sois heureux, libre et gai.....

Va courir dans nos champs que parfument les brises.
Au seul âge où l'on soit oublieux des douleurs,
Prends ton essor d'oiseau vers les montagnes grises,
Joue à tous les buissons, baise toutes les fleurs.

Quand je t'aurai quitté, — le travailleur meurt vite! —
Au monde où je vivais, tu me remplaceras.
Si tu vois des méchants, que ton cœur les évite :
Ne fais pas d'envieux, mon fils, fais des ingrats !

Si, pour la vie, enfant, il te faut un modèle,
Ouvre un livre sacré, choisis les vieux chrétiens;
La couronne du juste est la seule immortelle,
Et l'âme vertueuse est le plus grand des biens.

Ne dédaigne jamais les petites mansardes,
Où nous vivons égaux près des gais moineaux-francs ;
Passe loin des palais..... et, si tu les regardes,
Ne vas pas envier l'or ni l'éclat des grands!

Plus d'un, parmi ceux-là pour qui jouir c'est vivre,
Est cause que chez nous le pain manque toujours ;
Dans mille voluptés quand leur âme s'enivre,
C'est au prix des besoins qui rongent tous nos jours.

Quels que soient ta fortune ou tes destins contraires,
— Ecoute, et garde bien tout ce que je te dis : —
N'en décharge jamais le fardeau sur tes frères;
S'il en est qui le font, qu'ils soient sept fois maudits !

Si l'amour du prochain, dans ton âme rêveuse,
Éveille un autre amour, ne vas pas l'étouffer.
Aime une pauvre fille, et rends-là bien heureuse :
S'il fait froid, sur ton sein, cherche à la réchauffer.

Honnête, en chaque lieu, porte la tête haute,
N'appelle pas *Seigneur* un homme sans vertu;
Dieu seul est notre maître, et ta plus grande faute
Serait d'oublier ceux pour qui j'ai combattu.

Instruis-toi : le savoir grandit l'intelligence ;
Sois humble : l'orgueilleux se croit meilleur que tous;
Aime qui veut t'aimer, pardonne à qui t'offense ;
De l'honneur de ton nom sois le gardien jaloux.

Soulage ton prochain, moralise la foule,
Et n'imite jamais ces rêveurs insensés
Qui s'en vont au désert, pleurer quand tout s'écroule,
Soi-disants *incompris*, leurs sentiments blessés.

Plus on veut s'isoler, plus on reste inutile.
Dieu voulut que son règne arrivât parmi nous,
Quand nul effort humain n'aura de but stérile,
Quand, rapprochés, unis, nous nous aimerons tous.....

Si tu grandis sans voir ce monde d'espérance,
Si des iniquités ont la place des lois,
Après avoir versé tout ton sang pour la France,
Meurs! meurs, mais en martyr en proclamant nos droits!

— Et l'enfant endormi rêvait le ciel propice,
Les raisins mûrissants et les épis nombreux,
Ignorant que sa vie était, en sacrifice,
Offerte par le sort aux autels des heureux.

Peut-être qu'aux clartés de l'aurore nouvelle,
L'espérance venait sourire au travailleur :
Des anges de bonté nous ne possédons qu'elle
Pour vivre dans la foi d'un avenir meilleur.

1844.

L'ENFANT DU PRISONNIER.

> Qu'un cheval tombe, quel empressement
> pour le relever! Qu'une âme périsse,
> personne n'y pense St-Bernard.

À la veuve d'André Troncin,
Mort après cinq ans de captivité dans les prisons de Gaillon, pour délit
de coalition ouvrière.

Dans un réduit obscur, à côté des mansardes,
Sur un lit délabré, reposant à demi,
Une femme à l'œil terne, aux mamelles blafardes,
Tenait sur ses genoux un enfant endormi.
— « Tu dors en frissonnant, pauvre ange! disait-elle,
Je n'ai pour te couvrir que ce mauvais jupon.
Il gèle, et l'âtre éteint n'a plus une étincelle :
Pauvre petit enfant, ton père est en prison !

Mon souffle te réchauffe et ma main te caresse,
Un sourire de moi suffit à ton bonheur;
Tu ne sais pas encor voir mes pleurs de détresse,
Ni les sombres chagrins qui dévorent mon cœur....
Si ta mère, bientôt, devait t'être ravie,
Oh! que deviendrais-tu, mon gentil nourrisson,

Que ferais-tu sans moi, faible et seul dans la vie ?
Pauvre petit enfant, ton père est en prison !

Des soldats sont venus l'arracher de la couche
Où, confiante en Dieu, son âme reposait,
Et son dernier soupir, en effleurant ma bouche,
Te fit naître, mon fils, alors qu'on l'emmenait.
Son amour du prochain fut compté pour un crime,
Une sentence inique a flétri son beau nom ;
On le fit criminel quand il était sublime :
Pauvre petit enfant, ton père est en prison !

Un jour, les ouvriers las d'un labeur trop rude,
Et voulant secouer un joug avilissant,
Ont quitté l'atelier, et cette multitude
Aux maîtres refusa ses sueurs et son sang.
Ton père en les guidant les sauva de la haîne,
Il fit parler pour eux les droits de la raison ;
Mais il a trop compté sur la justice humaine :
Pauvre petit enfant, ton père est en prison !

Depuis ce temps, chez nous la misère est venue,
Malade et sans soutiens je n'ai pu l'éviter.
L'usure en ce réduit me laisse presque nue ;

Je n'ai plus rien à vendre et je n'ose emprunter.
L'espoir m'avait pourtant promis des jours de fête,
Mais il s'est envolé devant tant d'abandon....
Nous n'aurons bientôt plus un abri pour nos têtes :
Pauvre petit enfant, ton père est en prison !

Il avait tant d'amour! Même avant ta naissance
Il voulait t'élever, — homme selon son cœur —
A chérir le travail, à vivre pour la France,
A marcher sur sa trace au secours du malheur.
L'Évangile à la main, baisant ta tête blonde,
L'avenir lui semblait si beau dans l'horizon!
Il rêvait le bonheur et la gloire du monde :
Pauvre petit enfant, ton père est en prison ! »

— Ainsi, pendant la nuit parlait la pauvre mère,
En souriant encore à son doux nouveau-né.
Et sa voix trahissait une douleur amère,
Car le lait tarissait dans son sein décharné.
Hélas! six ans plus tard, malgré pleurs et prière,
La police enfermait un petit vagabond :
Que deviendra ton fils, malheureuse ouvrière ?
Pauvre petit enfant, ton père est en prison !..
                    1846.

LES BONS ENFANTS.

Aux ouvriers.

Amis, partout j'entends crier misère,
En chaque lieu se plaint la pauvreté ;
Nos gouvernants ne s'en attristent guère,
Chez eux la peur bannit la charité.
— Pauvres aussi, n'ayant que l'espérance,
Aux plus souffrants répétons désormais :
Des jours heureux reviendront pour la France,
Les bons enfants ne périront jamais !

De grands desseins pour effacer les traces,
Vers l'égoïsme on cherche à nous guider.
Valet des rois, plus d'un singe à deux faces,
Les dit puissants pour nous intimider ;
Mais le passé nous montre Louis seize,
Mais l'avenir nous promet des succès ;
Mil huit-cent trente après quatre-vingt treize !
Les bons enfants ne périront jamais !

Jaloux d'un nom beau de toutes les gloires,
Les étrangers bercés par leur orgueil,
Rêvent chez nous de faciles victoires ;
Aux uns le joug, aux autres le cercueil.
Pourquoi braver la foudre qui s'apaise !
Des pauvres seuils pourquoi troubler la paix ?
N'avivez pas le feu dans la fournaise,
Les bons enfants ne périront jamais !

Déjà cent fois notre armée africaine
A fait trembler les Maures belliqueux ;
Pour la montagne ils ont quitté la plaine;
La barbarie est en fuite avec eux.
Si, repoussant la main qui civilise,
Ils ont recours aux armes des Anglais ;
La Seine est fille à dompter la Tamise,
Les bons enfants ne périront jamais !

Prêtre sans foi, qui menaces tes frères
Et tiens l'erreur courbée à tes genoux,
La foule rit de tes vaines colères,
Et malgré toi, l'on croit Dieu bon chez nous.
A la vertu le chaume offre un refuge,

L'arc-en-ciel luit sur de sombres palais ;
Il n'est plus d'eau pour un autre déluge,
Les bons enfants ne périront jamais !

Suivant la loi de nos saints évangiles,
Soyons humains, généreux, purs et doux :
La haine naît des discordes civiles,
La charité du dévoûment pour tous ;
En propageant la vie et la lumière,
Dans l'univers riche de ses bienfaits,
Toujours la France a marché la première,
Les bons enfants ne périront jamais !

29 juillet, 1846.

L'OUVRIER ET LA GRANDE DAME.

« Madame, un ouvrier vous aime ;
Pauvre trouvère des faubourgs
Qui travaille, et loge au sixième,
— Lieu propice au nid des amours.
Eh ! qu'importe à son indigence,
Les grands titres, les palais d'or ?
Qui d'eux vaut mieux que l'espérance ?...
Et que bien autre chose encor !

En m'aimant, vous pourriez, madame,
M'inspirer des vers immortels,
Et vous verriez brûler mon âme
Comme un encens sur vos autels.
Le poète peut à sa guise
Conjurer les arrêts du sort ;
Ce qu'il aime il le divinise...
Il peut bien autre chose encor !

Dans mon petit réduit, sans crainte,
Nous vivrions loin des méchants ;

Du pauvre étourdissant la plainte,
Nous le verrions rire à nos chants.
Plus près des cieux, ma poésie
Souvent y prendrait son essor,
Pour vous enivrer d'ambroisie...
Et de bien autre chose encor!

J'ai vu sur maintes sépultures
Des fleurs que baisaient les zéphirs,
Aux sources des choses futures,
Ainsi renaîtront nos plaisirs.
Si jamais notre amour succombe,
Pour l'ensevelir — doux trésor! —
Nous prendrons un cœur de colombe...
Faire aimer, c'est aimer encor!

— Ainsi chantait dans sa mansarde
Un de nos compagnons joyeux ;
Mais jamais dame ne hasarde
D'aller si haut lever les yeux !
Je crois qu'il battait la campagne ;
Depuis, en confessant son tort,
Chez nous il choisit sa compagne...
— Là-bas, la dame attend encor !

LE TRAVAILLEUR ET SON AIEUL.

Aux ouvriers rédacteurs du journal l'Atelier.

Un travailleur à l'âme noble et fière,
Sur ses destins méditant vers le soir,
Vit près de lui comme une ombre guerrière,
Triste, et le front couvert d'un voile noir;
Il frissonnait, quand rompant le silence,
L'ombre lui dit : — « Vois l'un de tes aïeux !
    N'invoque jamais leur présence,
      Pour ne pas rougir devant eux !

« Dieu qui peut tout, me rappelle en ce monde,
De tes malheurs il m'a fait le témoin.
Ton pauvre enfant, sur le sol qu'il féconde,
Meurt de fatigue et parfois de besoin.
Des maîtres sourds aux cris de ta détresse,
Vantent pour toi leurs bienfaits généreux :
    Rend donc hommage à leur tendresse
      Pour ne pas rougir devant eux !

Français déchu! qu'as-tu fait de ta gloire?
A ton grand nom tu parais étranger,
De nos travaux on flétrit la mémoire,
Et tu n'as plus de cœur pour nous venger!
L'oubli du bien, les passions grossières
Souillent ton front d'un joug ignominieux :
 Tu vis en reniant tes pères,
 Pour ne pas rougir devant eux !

Le nord s'agite, et la Pologne ardente,
Soulève encor son peuple de héros,
En t'implorant tu la vois expirante,
Un vain souhait répond à ses sanglots !
On la décime et tu subis l'outrage,
Qu'on réservait à ses proscrits nombreux :
 Ne parle plus de ton courage,
 Pour ne pas rougir devant eux !

Baisse la tête et frappe ta poitrine,
En subissant le plus vil des pouvoirs,
Tu fais défaut à ta haute origine
Et tu faillis à de nombreux devoirs.
Toi, que le monde a nommé fils des braves !

Il en est temps jette un cri généreux,
   Et montre ton glaive aux esclaves
   Pour ne pas rougir devant eux ! »

Levant ses yeux qu'il fixait vers la terre,
Et saisissant son arme d'autrefois,
Le travailleur dit à cette ombre austère :
Je t'ai compris, vieil ennemi des rois.
Va ! de leurs torts je ne suis pas complice,
Aux opprimés dont j'écoute les vœux,
   J'offre ma vie en sacrifice,
   Pour ne pas rougir devant eux.

Depuis ce jour, le travailleur s'éclaire,
Il ennoblit sa vie et son état,
Pour la répandre il cherche la lumière ;
De l'avenir il se fait le soldat.
Nous lui devrons l'ère de délivrance,
Pour qui sont morts ses aînés glorieux :
   Vers le ciel il crie : Espérance !...
   Pour ne pas rougir devant eux !

29 juillet 1847.

INVOCATION.

Fille du Christ, Égalité féconde,
Reviens après de pénibles adieux,
Descends du ciel, et règne sur le monde
Qu'on pousse encore au culte des faux dieux.
Pour t'accueillir les nations sont prêtes,
Ton temple ouvert éclate en doux transports,
Nos hymnes saints seront tes interprètes,
Réponds enfin au long espoir des forts.

Les rois tremblans sur leur trône qui croule,
N'ont pour soutiens que de vieux préjugés;
L'esprit du bien a converti la foule,
Et dans ses rangs leurs actes sont jugés.
Leur titre même est un mot dérisoire
Que l'ironie a laissé dans les cours;
Au peuple enfin, les pages de l'histoire;
Au peuple enfin, la gloire et les beaux jours!

Qui fait briller nos arts, notre industrie?
Qui porte au loin nos drapeaux triomphants?
Qui rend fécond le sol de la patrie?

Peuple, ce sont tes généreux enfants !
Grands par la force et par l'intelligence,
Tout œuvre utile est l'œuvre de leurs mains ;
Par leurs vertus Dieu protége la France,
Et lui dit : Sois le phare des humains !

Les malheureux, les faibles qu'on opprime,
En espérant tournent les yeux vers nous,
De la raison leurs maîtres font un crime ;
Comme à des saints on leur parle à genoux.
Mais une voix a soufflé par les villes
Des mots qui font tressaillir leurs soldats ;
La vieille foi rouvre les évangiles
Et cette loi va régir les états !

Fier de tes droits, invoquant la justice,
Marche au soleil, l'ombre est pour les méchants,
Sois humble et doux, peuple du sacrifice,
Que tes plaisirs soient purs comme tes chants.
Laisse l'orgie à l'oisif qui s'y vautre :
L'homme de bien se doit à tous les maux ;
De l'avenir, travailleur, sois l'apôtre,
Dieu bénira ta tâche et tes travaux....

29 juillet 1845

LE VIEUX CHATEAU DE CHANVERSI.

LÉGENDE.

On voit par l'étroite fenêtre
Du chaume où j'ai reçu le jour,
Au loin, sur les monts apparaître
Les débris d'une vieille tour.
Quand la lune brille sur l'herbe
Qui tapisse le mur noirci,
Ce vieux mur est encor superbe :
C'est le château de Chanversi !

Il fut bâti par un beau prince,
Bâtard d'un de nos meilleurs rois,
Qui gouvernait notre province
Au nom de ses prétendus droits.
Il prit pour femme en mariage,
La fille du sieur de Coucy :
Tout était de noble lignage
Dans le château de Chanversi.

Que la grandeur nous corrompt vite
En vieillissant messire Edouard,

Buvait du vin comme un ermite,
Et jurait comme un vrai soudard.
En riant, nos pauvres ancêtres
L'avaient surnommé Sans-Souci :
Ce fut le plus joyeux des maîtres
Du vieux château de Chanversi.

Mais des seigneurs la joie est chère !
Et le pauvre, encore aujourd'hui,
Dit que s'ils font si bonne chère,
C'est qu'on la fait maigre chez lui.
Le peuple combat, il travaille,
Il sue, il pleure,... il jeûne aussi,
Et ses bons maîtres font ripaille
Comme au château de Chanversi.

Les abus, sous forme d'usage,
Reçus, acceptés, respectés,
Se sont transformés d'âge en âge,
Et nous en restons infectés.
Jamais un roi qu'un grimaud prône,
Ne voit nos maux qu'en racourci ;
Ah ! ne relevons ni le trône,
Ni le château de Chanversi...

Pour terminer enfin l'histoire,
Du Seigneur qui s'égayait tant,
Il mourut, un soir, après boire,
Sur son lit, chrétien repentant.
On l'enterra dans une église :
— Alors c'était l'usage ainsi. —
Que ceux que cela scandalise,
Aillent visiter Chanversi.

Là l'herbe croît dans les tourelles,
L'orgie a fait place aux troupeaux ;
On voit de gais nids d'hirondelles,
Où flottaient de sombres drapeaux,
Sans haine, sans fureur jalouse,
Narguant les nobles, dieu merci !
Les paysans dansent en blouse
Dans le château de Chanversi.

PETITE MARGUERITE.

A Madame Congy.

Petite marguerite, au bord du chemin vert,
Au souffle du matin, tiens ton calice ouvert.

Chassant l'ombre des nuits comme un voile qu'il lève,
A l'Orient doré le doux soleil s'élève,
La brise rafraîchit les feuilles du buisson,
Et la rosée humide en courbant le brin d'herbe,
Tremble, brille et paraît comme un rubis superbe,
Que l'insecte vient boire en cessant sa chanson.
A cette heure du jour où tout paraît mystère,
Où tout semble harmonie au ciel et sur la terre,

Petite marguerite au bord du chemin vert,
Au souffle du matin tiens ton calice ouvert.....

Parle-moi du passé, fille de la nature!
De ces jours où j'allais, riant, à l'aventure,
Avec mon frère, enfant, jouer auprès de toi.....
De nous porter tous deux quand ma mère était lasse,
Au milieu de tes sœurs nous cherchions une place,
Et nous les moissonnions, moi pour lui, lui pour moi;
Le lendemain pourtant les voyait reparaître.
Oh! si tout ce qui meurt devait ainsi renaître!

Petite marguerite, au bord du chemin vert,
Au souffle du matin tiens ton calice ouvert.

Malgré la voix de l'âme et la foi consolante,
Je n'aurais pas pleuré sur ma première amante ;
Epoux béni du ciel et père fortuné
Qui se laisse bercer par ses folles chimères,
Je n'aurais pas connu ces souffrances amères
Que laisse au cœur flétri la mort d'un premier-né...
Confiant, doux, heureux, je reviendrais encore
T'admirer, fleur candide, et te dire à l'aurore :

Petite marguerite, au bord du chemin vert,
Au souffle du matin tiens ton calice ouvert.

Un jour, sans te froisser, si quelque main légère
T'emporte doucement vers la terre étrangère,
Dans ces champs de la mort où j'ai laissé mon fils !...
Ne te dessèche pas, petite fleur que j'aime.
Si je t'invoque encore à mon adieu suprême,
C'est que tu nais aux lieux où sont mes vrais amis.
Calomnié, maudit, s'il faut que je succombe,
Loin de l'œil des méchants viens fleurir sur ma tombe.

Petite marguerite, au bord du chemin vert,
Au souffle du matin tiens ton calice ouvert.

Meaux, 27 juin, 1848.

TABLE.

	PAGES.
Préface	v
Procès	xxvi
Avant-propos	xxx
La Fille du braconnier.	1
La Rose blanche.	45
L'Incompris.	65
Le petit Guillaume.	94
Le Fermier et le Curé.	267
Chansons et poésies.	295

www.ingramcontent.com/pod-product-compliance
Lightning Source LLC
Chambersburg PA
CBHW060554170426
43201CB00009B/776